전 세계 1,600만이 입증한

통문장 학습법

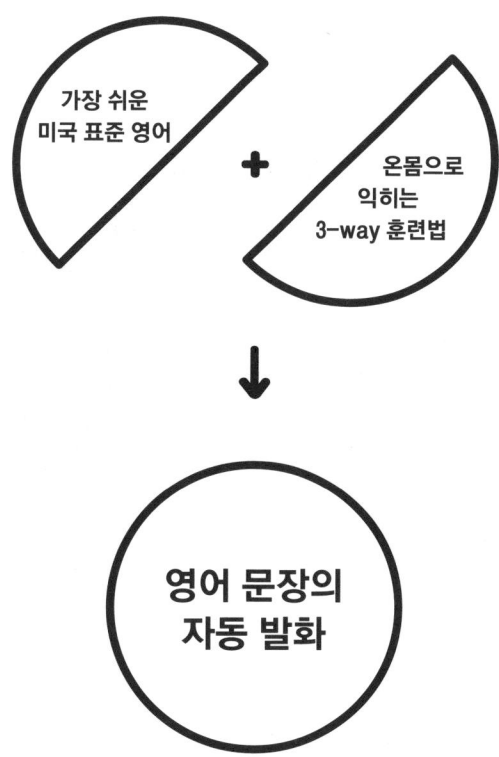

온몸으로 익히는
3-way 훈련법

무한 반복

ENGLISH 900

1

Edwin T. Cornelius, Jr. 저

YBM

ENGLISH
900 ① 전면개정판

발행인	허문호
발행처	YBM
편집	정윤영
디자인	장선숙
삽화	이용택
마케팅	정연철, 박천산, 고영노, 김동진, 박찬경, 김윤하
초판발행	2017년 2월 6일
10쇄발행	2025년 7월 1일
신고일자	1964년 3월 28일
신고번호	제1964-000003호
주소	서울시 종로구 종로 104
전화	(02) 2000-0515 [구입 문의] / (02) 2000-0463 [내용 문의]
팩스	(02) 2285-1523
홈페이지	www.ybmbooks.com

ISBN 978-89-17-22712-3

English 900
Original edition © 1971 by Edwin Cornelius, Jr.
All rights reserved.
English-Korean 1st edition © 2012 by Joanne Cornelius and YBM
English-Korean 2nd edition © 2017 by Joanne Cornelius and YBM

All rights reserved. No part of this publication may be reproduced, stored in a retrieval system, or transmitted in any form, or by any means, (electronic, mechanical, photocopying, recording or otherwise) without the prior written permission of both of the copyright owner and the publisher of this book.

이 책의 저작권은 저자에게 있으며, 책의 제호 및 디자인에 대한 모든 권리는 출판사인 YBM에게 있습니다.
서면에 의한 저자와 출판사의 허락 없이 내용의 일부 혹은 전부를 인용 및 복제하거나 발췌하는 것을 금합니다.
낙장 및 파본은 교환해 드립니다.
구입철회는 구매처 규정에 따라 교환 및 환불처리 됩니다.

어린아이처럼 배워라
그리고 반복하라!

영어 배우기에는 왕도가 없습니다. 자기 하기 나름입니다. 영어를 해야겠다는 마음이 얼마나 절실한지에 따라, 본인이 실제로 얼마나 노력하느냐에 따라 성과는 다르게 나타납니다. 하루 아침에 영어를 배우는 비법은 없습니다. 끊임없이 듣고 말하는 것이 제일 중요합니다.

예전에 아프리카 콩고에서 재미있는 연구를 했습니다. 영어를 한마디도 못하던 콩고 인이 3개월 만에 영어를 완벽히 구사하게 되었습니다. 말소리만 들으면 영락없이 영어 원어민이었지요. 요인은 무엇이었을까요. 바로 아프리카에 구전 전통이 있어서 가능했던 일입니다. 복잡하게 생각하지 않고, 무조건 말과 발음을 흉내내는 것이죠. 글로 읽거나 쓰며 익히는 게 아니라 듣고 따라 하며 외우는 구전 전통이 말 익히기엔 최고라는 걸 여실히 보여준 거죠. **어린아이들이 언어를 익히는 것을 생각해보십시오. 어린아이처럼 배우십시오. 머뭇거리거나 실수를 두려워하면 영어를 배울 수 없습니다.**

듣고 말하기의 실천법으로 제가 추천하는 방법은 '반복'입니다. 공부하는 내용을 완전히 자기 것으로 만들기 위해서는 '반복'이 필수이지요. 그래서 저는 수년간 듣고 말하기의 반복을 구현한 학습 교재 개발에 힘썼고 English 900 시리즈가 바로 그 결과물입니다. 이 교재를 가지고 듣고 말하는 데 주력하십시오. 학교 시절 배운 문법이나 어휘, 문장들 모두 다 여러분의 머릿속 어딘가에 있습니다. 이 교재는 여러 분들이 이미 배웠던 내용들이 듣고 말하기, 반복의 방식을 통해 다시 입 밖으로 나오도록 매우 효과적으로 도와줍니다. 말과 발음에 더욱 집중할 수 있도록 헤드폰을 끼고 열심히 듣고 따라 하십시오.

제가 혼신의 힘을 기울여 개발한 이 English 900 시리즈가 여러분의 영어 공부에 큰 힘이 되어드릴 것을 자신합니다.

Edwin T. Cornelius, Jr.

글로벌 베스트셀러
English 900

1963년 초판

2013년 한국어 개정판

2014년 일본어 개정판

2015년 중국어 개정판

언어학자 Cornelius가 미국 정부의 의뢰를 받아 만든 미국 표준 영어 교재

English 900은 전 세계에 미국 표준 영어를 보급하고자 미국 국무부가 미시간 대학에 의뢰하여 언어학자 Cornelius가 오랜 시간 연구하고 개발한 영어 교재입니다. 1970년대에는 대한민국 최초 오디오 교재로 출간되어 최다 판매를 기록하는 센세이션을 일으켰고, 전 세계적으로도 1,600만 부 이상 판매된 초대형 베스트셀러입니다.

English 900의 명성과 효과를 검증한 국내 개정판

English 900의 명성은 계속 그 대를 이어와 국내 독자들의 재출간 요청이 꾸준히 있었습니다. 2013년 드디어 대한민국 대표 영어 강사 이보영, 아이작 선생님의 친절하고 자세한 해설강의로 한층 업그레이드된 한국어 개정판 New English 900이 출간되었고, 2016년까지 총 22만 부가 판매되어 다시금 그 명성과 학습효과를 입증했습니다.

일본 열도와 중국 대륙까지 점령한 English 900 열풍

English 900의 재출간을 열망한 것은 대한민국의 학습자뿐만이 아니었습니다. 2014년 일본 아사히 프레스, 2015년 중국 금일금중 출판사도 개정판 출간의 대열에 합류하여 2,30세 젊은 영어 학습자들에게 좋은 반응을 얻고 있습니다.

2017년 한국어 전면개정판
무엇이 업그레이드되었나?

2017년 한국어 전면개정판

1. 오리지널 English 900의 정통성과 장점은 그대로 살렸습니다!

희미한 옛 기억 속 중학교 영어 교과서에서 본 듯한 익숙한 문장들---일상생활에서 실제로 쓰이는 실용적이고 매우 쉬운 문장들만으로도 얼마든지 의사소통이 자유롭다는 Cornelius 박사의 믿음을 전면개정판에서도 그대로 이어가고 있습니다.

2. 지금 세대의 일상 주제와 그들이 말하는 표준영어를 담았습니다!

전 세계의 문화는 급변했고 현 세대의 언어생활 또한 실용성을 추구하는 방향으로 변화하고 있습니다. 따라서 전면개정판에서는 교재의 문장과 대화문을 통해 다루고 있는 일상의 장면들 중 현 세대와 맞지 않는 일부 주제 및 문장들을 지금의 영어권 사람들이 말하는 영어로 교체했습니다.

3. 통문장학습법의 실천법까지 제공해드립니다!

전면개정판에서는 '학습해야 할 것(what to learn)'뿐만 아니라 '학습하는 방법(how to learn)'을 함께 제시합니다. 통문장 두뇌입력 프로그램, 다양한 형식의 훈련용 MP3 파일이 통문장학습의 든든한 조력자가 될 것입니다.

English 900으로 이룬
5분의 작은 기적

2016년 여름 경북매일신문의 "전교생 48명, 포항 시골 장기초교 '5분의 작은 기적'"이라는 제목의 기사를 통해 New English 900 교재를 활용하여 영어공부를 하는 초등학생들과 교사들이 소개된 바 있습니다. English 900 온라인 카페의 성실멤버이기도 한 이 학교의 교장, 이성규 선생님을 만나보았습니다.

'5분의 작은 기적' 이란?

이성규 교장선생님 다른 행사 취재차 학교를 방문했던 기자가 우연히 우리 학교의 5분 영어 프로그램 설명을 듣고 감명을 받아 직접 교실을 방문하고 취재하여 '5분의 작은 기적'이라는 제목으로 신문에 소개한 것이죠. New English 900 초급 교재를 활용하여 제가 직접 개발한 컴퓨터 프로그램으로 매일 1교시 수업 전에 5분간 선생님들이 지도한 결과 학생들이 게임만 하던 컴퓨터로 영어 공부를 하고, 평가 프로그램으로 스스로 평가하고, 선생님께 상도 받으면서 즐겁게 공부를 하게 되었습니다.

English 900을 교재로 택하신 이유는?

이성규 교장선생님 English 900은 학생 시절 다 마스터하지 못했다가 2013년에 새롭게 출시된 New English 900으로 다시 공부를 시작한 것이지요. 900개 기본 문장을 지금 11번째 복습 중인데, 이 교재의 좋은 점은 900이라는 뚜렷한 목표점을 가지고 공부할 수 있다는 것이지요. 학교에서 사용하는 영어 교과서도 좋지만 세계적으로 검증된 교재를 가지고 아이들이 초급회화 300문장이라는 목표에 우선적으로 도전하게 하면, 졸업 후까지도 계속 연결하여 공부할 수 있겠다는 생각으로 이 교재를 선택했습니다.

이성규 교장선생님 1권에 수록되어 있는 초급회화 300문장은 교과서에 나오는 문장도 많이 있어서 고학년에서는 300문장을 모두 마스터한 아이도 있습니다. 1학년부터 6학년까지 전교생이 100개까지는 거의 마스터했으니 계속 지도한다면 가능하다고 생각됩니다. 교사가 직접 모든 내용을 가르치기보다는 학생들이 스스로 공부할 수 있는 마인드를 키워주니 무리 없이 잘 따라오고 있습니다.

어른들 교재인데 아이들에게 어렵지 않았나?

이성규 교장선생님 English 900은 말하기 위주의 학습에 더 효과적이라고 생각합니다. 저도 듣기는 약하지만 이제 말하기는 어느 정도 자신이 있습니다. 이 책의 900개 기본 문장은 우리말만 봐도 거의 0.5초 내에 영어 문장이 나옵니다. 물론 900 문장만 외운다고 해서 말하기가 완벽히 된다고 할 수는 없지만 다른 표현까지 응용하여 말할 수 있는 기본 실력을 갖추게 된다고 생각합니다.

900개 통문장이 정말 효과가 있었나?

이성규 교장선생님 학습한 횟수도 중요하지만 내가 학습한 내용을 얼마나 알고 있는지 확인해보는 것이 중요하다고 생각합니다. 종이에 쓰면서 확인해도 좋지만, 우리의 궁극적인 목표가 '말하기'이니 영어로 직접 말해보고 음원으로 바로 정답을 확인하면 더욱 효과적일 것 같아서 개발한 프로그램이 '자율평가 프로그램'입니다. 학습한 내용을 스스로 평가하여 확인하면 더욱 동기 부여가 되겠지요. 또 정기적으로 원어민과 대화할 수 있는 기회를 마련하여 학습한 내용을 활용하는 것도 중요합니다.

다른 학습자들에게 전수하고픈 노하우는?

English 900으로
이런 효과 보았다!

영어회화 학습자의 마지막 선택

저도 영어회화에 한(?)이 맺혀서 정말 수많은 방법론에 매달려 많은 시간을 보냈어요. 그러다가 찾아낸 보물 같은 영어회화 교재가 English 900이었죠. 이 책의 최대 강점은 영어회화의 목표와 분량이 확실하다는 것입니다. 제가 공부한 경험으로는 900개의 문장은 아주 적당한 분량이며 수준도 어렵지 않아요. 이 교재로 반복해서 우리말을 듣고 영어로 말하는 훈련을 하다 보면, 하고 싶은 우리말이 떠오르는 순간 영어가 입에서 자동으로 튀어나오는 놀라운 경험을 하게 될 것입니다.

31만 방문 블로그 '영어백편의자현' 운영자, 김동건

영어 말하기 연습을 위한 최고의 교재

English 900은 제가 대학을 다닐 때 선풍적인 인기를 끌었던 영어회화 교재였어요. 아마 지금 40대 이상의 부모님들에게는 매우 친숙한 이름이 아닐까 싶습니다. 영어교사를 준비하던 저는 900개의 기본 문장들과 거기에서 파생된 문장들을 외워가며 English 900과 씨름을 했어요. 책이 점점 낡아가는 정도와 비례해 영어회화에 대한 자신감은 커져갔고, 간혹 만나는 외국인들 앞에서 하고 싶은 말들이 튀어나올 때 그 신기함과 희열은 이루 말할 수가 없었습니다.

차준식 영어교실 운영자, 고등학교 영어교사, 차준식

저 보고 English 900전도사래요

2년 전 이 책을 만나 그 효과를 실감한 저는 그 후 1년간 주변의 많은 사람들에게 이 책을 권하지 않을 수 없었죠. 저에게 소개 받은 분들이 또 다른 분들에게 추천하는 식으로 그렇게 김해의 많은 분들이 이 책을 공부하게 되었어요. 도서관에서 이 책에 관심을 보이는 사람들끼리 스터디 모임도 결성해 주 1회 함께 공부도 했는데, 작년에는 이 책으로 저와 함께 1년간 공부한 50대 지인의 영어 실력이 눈에 띄게 향상되고 자신 있게 해외 자유여행도 다녀오셨다고 하여 보람을 느꼈답니다. 새로 개정되는 책도 영어를 공부하는 많은 이들에게 등불 같은 존재가 되길 기원해봅니다.

초등학교 방과후 영어강사, 장은주

직장인이 되어 사무 현장에서 영어 쓸 일을 직접 겪다 보니, 영어를 잘하고 싶다는 마음이 학교 다닐 때보다 더 간절하게 듭니다. 영어 잘하는 직장 선배에게 조언을 구하니 무조건 말하고 외우는 게 정석이라고 하네요. New English 900에 반영된 코넬리우스의 영어회화 학습법이 딱 맞을 것 같더군요. 공부해보니 역시나 이만한 학습법은 없는 것 같습니다. 반복해서 말하고 트레이닝하다 보니 어느새 표현이 입에 착착 붙네요.

영어회화 학습의 정석이네요

28세, 직장인, 이희원

강사도 추천하는 교재입니다

English 900에는 실생활에서 쓰이는 어렵지 않은 영어 문장 900개가 들어 있어, 혼자서도 쉽게 공부할 수 있는 교재입니다. 예전부터 이 교재에 대해 알고 있어서, 주변에서 쉬운 영어 교재를 추천해달라고 할 때마다 주저 없이 권했습니다.

35세, 영어강사, 최지웅

900개 문장만 공부하면 영어가 된다고 해서 이게 무슨 말인가 했어요. 한편으로는 900개면 너무 많은 거 아닌가 생각도 했었는데, 막상 책을 보고 하루에 하라는 만큼만 하니 부담스럽지 않던데요. 혼자 영어 공부하기 부담되시는 분들에게 적절한 교재 같아요.

부담 없어요

23세, 대학생, 원미향

쉬운 단어로 이루어진 문장이 좋아요

직장을 관두고 영어와는 담을 쌓고 지내왔는데 영어를 더 멀리하면 안 되겠다는 생각에 English 900을 공부했습니다. 책에서 제시하는 대로 계속 반복해서 듣고 말하니 나중에는 진짜 영어 문장을 보지 않아도 입에서 문장이 나오네요. 어려운 단어를 사용하지 않아도 영어로 말할 수 있다는 걸 이번에 처음 알았습니다.

32세, 전업주부, 황미경

English 900 사용설명서

4단계 학습으로
기본 문장 300개 반복 훈련

STEP 1 통문장 말하기

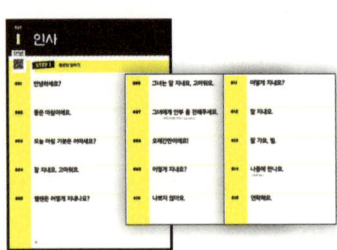

기본 문장을 5개씩 먼저 우리말로 보고 영어로 말해보세요. 말이 되든 안 되든 직접 말해보세요.

STEP 2 통문장 외우기

왼쪽 페이지에서 우리말을 보고 스스로 말해본 것을 이제 확인하며 암기하세요. 큰 소리로 2회 읽으세요.

STEP 3 패턴으로 훈련하기

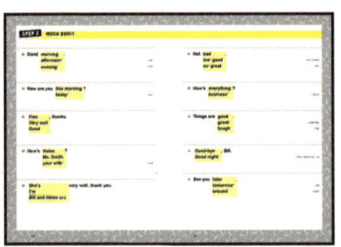

패턴 형태로 앞에서 배운 기본 문장을 한번 더 반복하여 암기 효과뿐 아니라 응용할 수 있는 역량까지 기르세요.

STEP 4 대화로 훈련하기

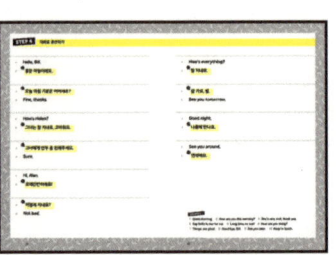

의사소통의 핵심은 대화죠. 대화의 기본 형태인 묻고 답하기 방식으로 기본 문장의 쓰임을 익히세요.

다양한 MP3 파일로 300문장 귀에 새기기!

통문장 말하기
우리말 문장 듣기 → 스스로 영어로 말해보기 → 영어 문장 듣고 확인하기

통문장 외우기
우리말 문장 듣기 → 영어 문장 2회 따라 말하기

패턴으로 훈련하기
영어 문장 1회 따라 말하기

대화로 훈련하기
영어 문장 1회 따라 말하기

통문장 영어만 듣기
출퇴근길, 소리 내어 훈련할 수 없을 때 기본 문장만 영어로 빠르게 듣기

총 5가지 종류의 MP3 파일을 활용하여 300문장의 암기 효과를 높여보세요!

통문장 두뇌입력 프로그램으로
300문장 뇌에 새기기!

통문장 두뇌입력 프로그램 이란?

2단계 구성을 통해 통문장을 눈으로 보고, 귀로 듣고, 입으로 말하며 반복 훈련하는 트레이닝용 동영상이에요.

1단계 청크 단위 암기 훈련

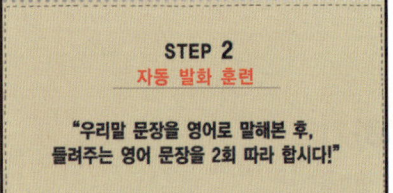

STEP 1
청크 단위 암기 훈련
"문장을 덩어리씩 늘려가며 큰소리로 따라 말해봅시다!"

처음부터 문장 전체를 외우는 게 부담스럽다면 문장을 덩어리씩 늘려가며 훈련하면 단기간에 통문장 학습에 적응할 수 있어요.

2단계 자동 발화 훈련

STEP 2
자동 발화 훈련
"우리말 문장을 영어로 말해본 후, 들려주는 영어 문장을 2회 따라 합시다!"

1단계에서 누적 학습한 효과로 통문장이 입에서 자동으로 나오는 것을 확인하며 말하기에 대한 자신감을 얻는 단계예요.

이런 좋은 프로그램을 어디서 만날 수 있죠?

각 Day의 첫 페이지에 있는 QR 코드를 휴대폰으로 찍으면 바로 재생하여 편리하게 학습할 수 있어요.

두뇌입력 프로그램 활용을 위한
QR 코드 이용법

1 STEP
QR 코드가 있는
각 Day 시작 페이지를
펼쳐보세요.

2 STEP
네이버 어플리케이션을
실행하여 QR 코드를
읽어 보세요.

검색창 옆에 마이크 모양을 누르세요.

여러 아이콘들 중 QR 코드 모양을
누르세요.

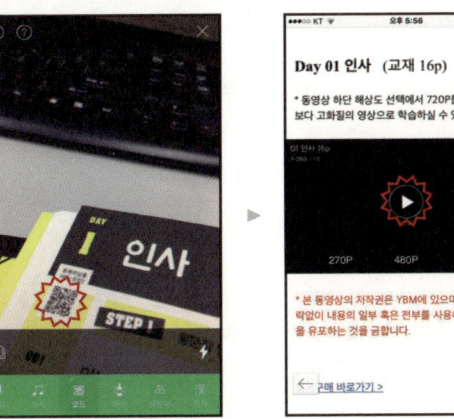

* 네이버 어플리케이션 외에도 QR 코드를 읽어주는 여러 어플리케이션이 있습니다. 구글 플레이스토어 또는 아이폰 앱스토어에서 "QR코드 리더"로 검색하셔서 관련 어플리케이션을 설치해 사용하셔도 됩니다.

망설이지 말고 오세요~ *e900.co.kr*

기초회화 통문장 300개

Day 1	인사	16
Day 2	소개	26
Day 3	소유관계	36
Day 4	신분과 관계	46
Day 5	직업	56
Day 6	나이	66
Day 7	요일과 달	76
Day 8	날짜와 장소	86
Day 9	시간	96
Day 10	소유 여부	106

Day 11	언어 구사력	116
Day 12	명령·부탁·청유	126
Day 13	원하는 것 묻고 답하기	136
Day 14	현재 진행 중인 일	146
Day 15	평상시 일과	156
Day 16	어제 일과	166
Day 17	다른 사람의 말 전하기	176
Day 18	과거의 습관적인 행동	186
Day 19	처음 만난 사람과 대화하기	196
Day 20	과거에 진행 중이었던 일	206

ENGLISH 900 ②
일상회화 통문장
300개

ENGLISH 900 ③
프리토킹 통문장
300개

DAY 1 인사

STEP 1 통문장 말하기

001 안녕하세요?

002 좋은 아침이에요.

003 오늘 아침 기분은 어떠세요?

004 잘 지내요, 고마워요.

005 헬렌은 어떻게 지내나요?

STEP 2 통문장 외우기

Hello.

Good morning.

How are you this morning?

Fine, thanks.

How's Helen?

STEP 1 통문장 말하기

006 그녀는 잘 지내요, 고마워요.

007 그녀에게 안부 좀 전해주세요.
~에게 안부를 전하다 say hello to

008 오래간만이에요!

009 어떻게 지내요?

010 나쁘지 않아요.

STEP 2 통문장 외우기

She's very well, thank you.

Say hello to her for me.

Long time, no see!

How are you doing?

Not bad.

STEP 1   통문장 말하기

011   어떻게 지내요?

012   잘 지내요.

013   잘 가요, 빌.

014   나중에 만나요.
              나중에 later

015   연락해요.

STEP 2 통문장 외우기

How's everything?

Things are good.

Good-bye, Bill.

See you later.

Keep in touch.

STEP 3 패턴으로 훈련하기

❶ Good morning．
   afternoon*
   evening*

*오후
*저녁

❷ How are you this morning?
   today*

*오늘

❸ Fine, thanks.
   Very well
   Good

❹ How's Helen?
   Ms. Smith
   your wife*

*아내

❺ She's very well, thank you.
   I'm
   Bill and Helen are

⑥ Not **bad**.
   too* good
   so* great

   *너무, 지나치게
   *아주

⑦ How's **everything**?
   business*

   *사업, 일

⑧ Things are **good**.
   great*
   tough*

   *굉장히 좋은
   *힘든

⑨ **Good-bye**, Bill.
   Good night*

   *잘자, 안녕(밤에 하는 인사)

⑩ See you **later**.
   tomorrow*
   around*

   *내일
   *조만간

STEP 4   대화로 훈련하기

A   Hello, Bill.
B   ① 좋은 아침이에요.

A   ② 오늘 아침 기분은 어떠세요?
B   Fine, thanks.

A   How's Helen?
B   ③ 그녀는 잘 지내요, 고마워요.

A   ④ 그녀에게 안부 좀 전해주세요.
B   Sure.

A   Hi, Alan.
B   ⑤ 오래간만이에요!

A   ⑥ 어떻게 지내요?
B   Not bad.

A **How's everything?**
B **잘 지내요.** (7)

A **잘 가요, 빌.** (8)
B **See you tomorrow.**

A **Good night.**
B **나중에 만나요.** (9)

A **See you around.**
B **연락해요.** (10)

ANSWERS!!

1 Good morning. 2 How are you this morning? 3 She's very well, thank you.
4 Say hello to her for me. 5 Long time, no see! 6 How are you doing?
7 Things are good. 8 Good-bye, Bill. 9 See you later. 10 Keep in touch.

DAY 2 소개

트레이닝용 MP3 + 동영상

STEP 1 통문장 말하기

016 이름이 뭐예요?

017 제 이름은 필립입니다.

018 전 브래드 머피입니다.

019 그냥 브래드라고 불러주세요.
A를 B라고 부르다 call A B

020 당신 친구의 이름은 뭐예요?

STEP 2　통문장 외우기

What's your name?

My name is Phillip.

I'm Brad Murphy.

Just call me Brad.

What's your friend's name?

STEP 1 통문장 말하기

021 그의 이름은 애덤 스펜서입니다.

022 당신은 데이비드의 형인가요?
_{형, 오빠, 남동생 brother}

023 아니오, 그렇지 않아요.

024 데이비드와 저는 오래된 친구예요.
_{오래된 old}

025 애나, 이분은 마이어스 씨예요.

STEP 2 통문장 외우기

His name is Adam Spencer.

Are you David's brother?

No, I'm not.

David and I are old friends.

Anna, this is Mr. Meyers.

STEP 1 통문장 말하기

026 만나 뵙게 되어 매우 반갑습니다.
~하는 것이 반가운 glad to

027 제 형과 인사 나누세요.

028 만나서 반가워요.
~하는 것이 반가운 nice to

029 만나서 반가웠어요.
~한 것이 반가운 nice -ing

030 또 만나길 바랍니다.
바라다 hope

STEP 2 통문장 외우기

I'm so glad to meet you.

Meet my brother.

Nice to meet you.

Nice meeting you.

Hope to see you again.

STEP 3　패턴으로 훈련하기

❶ What's `your / his / your friend's` name?

❷ `My / His` name is Phillip.

❸ I'm `Brad Murphy / Alan Roberts`.

❹ `Just call me / You can call me` Brad.

❺ Are you `David's brother / her mother`?

❻ David and I are old friends .
　　　　　　　　　neighbors*
　　　　　　　　　colleagues*

*이웃
*동료

❼ Anna, this is Mr. Meyers .
　　　　　　　Fred
　　　　　　　my family

❽ I'm so glad   to meet you.
　 Nice
　 It's a pleasure*

*기쁨, 즐거움

❾ Meet my brother .
　　　　　 family
　　　　　 friend

❿ Nice   meeting you.
　 It was nice
　 It was great

STEP 4 대화로 훈련하기

A 이름이 뭐예요?

B My name is Phillip.

A I'm Anna Lee.

B I'm Brad Murphy. 그냥 브래드라고 불러주세요.

A What's your friend's name?

B 그의 이름은 애덤 스펜서입니다.

A 당신은 데이비드의 형인가요?

B No, I'm not.

A Are you David's colleague?

B No, 데이비드와 저는 오래된 친구예요.

A 애나, 이분은 마이어스 씨예요.

B It's a pleasure to meet you, Mr. Meyers.

A   제 형과 인사 나누세요.

B   I'm so glad to meet you.

A   만나서 반가워요.

B   Nice to meet you, too.

A   I'm sorry, but I have to go.

B   만나서 반가웠어요.

A   It was nice meeting you.

B   또 만나길 바랍니다.

ANSWERS!!

1 What's your name?   2 Just call me Brad.   3 His name is Adam Spencer.
4 Are you David's brother?   5 David and I are old friends.   6 Anna, this is Mr. Meyers.
7 Meet my brother.   8 Nice to meet you.   9 Nice meeting you.
10 Hope to see you again.

DAY 3 소유관계

STEP 1 통문장 말하기

031 이건 뭐예요?
이것 this

032 그건 제 휴대폰이에요.
그것, 저것 that   휴대폰 cell phone

033 이게 당신의 노트북인가요?
노트북 laptop

034 아니오, 그건 제 노트북이 아니에요.

035 그건 그의 것이에요.
그의 것 his

STEP 2   통문장 외우기

What's this?

That's my cell phone.

Is this your laptop?

No, that's not my laptop.

That's his.

STEP 1 통문장 말하기

036 이건 누구의 휴대폰인가요?
누구의 whose

037 그건 그녀의 것이에요.
그녀의 것 hers

038 이것들은 뭐예요?
이것들 these

039 그것들은 제 책이에요.
그것들, 저것들 those

040 이것들은 당신 펜이에요?

STEP 2 통문장 외우기

Whose cell phone is this?

That's hers.

What are these?

Those are my books.

Are these your pens?

STEP 1 통문장 말하기

041 네, 그래요.

042 그것들은 제 것이에요.
나의 것 mine

043 그것들은 당신 펜이 아니에요, 그렇죠?

044 아니오, 그렇지 않아요.

045 이것들은 제 남동생 것이고, 그것들은 여동생 거예요.

STEP 2 통문장 외우기

Yes, they are.

Those are mine.

Those aren't your pens, are they?

No, they aren't.

These are my brother's, and those are my sister's.

STEP 3   패턴으로 훈련하기

❶ What's | this | ?
         | that |

❷ That's | my | cell phone.
         | your |
         | his |

❸ Is this your | laptop | ?
               | book |
               | car |

❹ No, that's not | my | laptop.
                 | her |
                 | my brother's|

❺ That's | his | .
         | mine |
         | yours* |
         | hers |

*당신의 것

❻ Whose [cell phone / bag / jacket*] is this?

*재킷, 상의

❼ What are [these / those]?

❽ Those are [my / our / their] books.

❾ Those are [mine / ours* / theirs*].

*우리들의 것
*그들의 것

❿ Those aren't your [pens / books / shoes*], are they?

*신발

STEP 4 대화로 훈련하기

A **❶ 이건 뭐예요?**
B That's a brand-new tablet PC.

A Don't touch that. **❷ 그건 제 휴대폰이에요.**
B I'm sorry.

A **❸ 이게 당신의 노트북인가요?**
B No, that's not mine.

A Whose jacket is this?
B **❹ 그건 그의 것이에요.**

A **❺ 이건 누구의 휴대폰인가요?**
B That's hers.

A Isn't this your laptop?
B **❻ 아니오, 그건 제 노트북이 아니에요.**

A **❼ 이것들은 뭐예요?**

B Those are my books.

A Are these your pens?

B Yes, they are. **❽ 그것들은 제 것이에요.**

A **❾ 그것들은 당신 펜이 아니에요, 그렇죠?**

B No, they aren't. These are my friend's.

A Whose pens are they?

B **❿ 이것들은 제 남동생 것이고, 그것들은 여동생 거예요.**

ANSWERS!!
1 What's this?   2 That's my cell phone.   3 Is this your laptop?   4 That's his.
5 Whose cell phone is this?   6 No, that's not my laptop.   7 What are these?
8 Those are mine.   9 Those aren't your pens, are they?
10 These are my brother's, and those are my sister's.

DAY 4 신분과 관계

STEP 1 통문장 말하기

046 직장인이세요?
직장인, 사무직 근로자 office worker

047 네, 직장인이에요.

048 저기에 있는 저 사람은 누구인가요?
저기 over there   그 사람, 저 사람 that

049 그도 직장인이에요.
~도 역시 too

050 저 남자는 당신 남자친구인가요?
그, 저 ~ that + 단수명사

STEP 2 통문장 외우기

Are you an office worker?

Yes, I'm an office worker.

Who is that over there?

He's an office worker, too.

Is that guy your boyfriend?

STEP 1 통문장 말하기

051 아니오, 그렇지 않아요.

052 그와 저는 그냥 친구예요.

053 저 남자는 당신 사장님이죠, 그렇지 않나요?
(직장의) 사장, 상사 boss

054 네, 그래요.

055 저 사람들은 누구인가요?
저, 그 ~들 those + 복수명사

STEP 2 통문장 외우기

No, he isn't.

He and I are just friends.

That man is your boss, isn't he?

Yes, he is.

Who are those people?

STEP 1 통문장 말하기

056 그들은 제 직장 동료들이에요.
직장 동료 coworker

057 그 사람들은 당신 팀에 있죠, 그렇지 않나요?
~의 팀에 속해 있다 be on one's team

058 아니오, 우리는 같은 팀에 있지 않아요.
같은 the same

059 그들은 영업부서에 있지 않나요?
영업부 sales department

060 저는 잘 몰라요.

STEP 2 통문장 외우기

They're my coworkers.

Those men are on your team, aren't they?

No, we aren't on the same team.

Aren't they in the sales department?

I really don't know.

STEP 3 패턴으로 훈련하기

① Are you | an office worker | ?
         | a student |
         | an engineer* |

*기술자

② Yes. I'm | an office worker | .
           | a student |
           | an engineer |

③ Who is | that | over there?
         | that man |
         | that young woman* |

*여자, 여성

④ He's | an office worker | too.
       | a teacher |
       | a doctor* |

*의사

⑤ Is that guy | your boyfriend | ?
              | an employee* here |

*직원, 종업원

❻ That man is your boss , isn't he?
　　　　　　　　 a lawyer*

*변호사

❼ Who are those people ?
　　　　　　　　　 men*
　　　　　　　　　 girls

*남자들(man의 복수형)

❽ They're my coworkers .
　　　　　　　　 students
　　　　　　　　 daughters*

*딸

❾ Those men are on your team , aren't they?
　　　　　　　　　 in your class*
　　　　　　　　　 in this company*

*반, 학급
*회사

❿ Aren't they in the sales department?
　　 Aren't you
　　 Isn't Jane

STEP 4   대화로 훈련하기

A **① 직장인이세요?**
B No, I'm a student.

A **② 저기에 있는 저 사람은 누구인가요?**
B He's an employee here.

A **③ 저 남자는 당신 남자친구인가요?**
B No, he isn't. He is my coworker.

A You're husband and wife, aren't you?
B No, we aren't. **④ 그와 저는 그냥 친구예요.**

A **⑤ 저 남자는 당신 사장님이죠, 그렇지 않나요?**
B Yes, he is.

A **⑥ 저 사람들은 누구인가요?**
B They are my students.

A Who are those ladies?
B ❼ 그들은 제 직장 동료들이에요.

A ❽ 그 사람들은 당신 팀에 있죠, 그렇지 않나요?
B No, we aren't on the same team.

A ❾ 그들은 영업부서에 있지 않나요?
B Yes, they are.

A Isn't that man Jack's father?
B ❿ 저는 잘 몰라요.

ANSWERS!!

1 Are you an office worker? 2 Who is that over there? 3 Is that guy your boyfriend?
4 He and I are just friends. 5 That man is your boss, isn't he? 6 Who are those people?
7 They're my coworkers. 8 Those men are on your team, aren't they?
9 Aren't they in the sales department? 10 I really don't know.

DAY 5 직업

STEP 1 통문장 말하기

061 일하세요?

062 아니오, 대학생이에요.
대학생 college student

063 역사학을 전공하고 있어요.
~을 전공하다 major in

064 아니오, 아직 구직 중이에요.
~을 찾다 search for

065 네, 기술자예요.
기술자 technician

STEP 2 통문장 외우기

Do you work?

No, I'm a college student.

I'm majoring in history.

No, I'm still searching for a job.

Yes, I'm a technician.

STEP 1 통문장 말하기

066 무슨 일 하세요?

067 간호사예요.

068 직업이 뭐예요?

069 변호사로 일해요.

070 언니는 직업이 뭐예요?

생계를 위해, 밥벌이로 for a living

STEP 2 통문장 외우기

What do you do?

I'm a nurse.

What is your job?

I work as a lawyer.

What does your sister do for a living?

STEP 1 통문장 말하기

071 그녀는 패션 디자이너예요.

072 어디서 근무하세요?

073 카시오 사에서 일해요.
~ (회사)에서 일하다 work for

074 텍코 사의 부팀장이에요.
부~ assistant

075 하버드에서 강의를 해요.

STEP 2 통문장 외우기

She's a fashion designer.

Where do you work?

I work for Casio.

I'm an assistant manager at Tekk-Co.

I teach at Harvard.

STEP 3 패턴으로 훈련하기

① I'm a [college / high school* / PhD* / medical*] student.

*고등학교
*박사 (과정)
*의대의

② I'm majoring in [history / education* / business* / English literature*].

*교육학
*경영학
*문학

③ I'm still searching for [a job / my car key].

④ What is your [job / major* / position*]?

*전공
*직급, 직위

⑤ I work as a [lawyer / nurse / cashier* / consultant*].

*계산대 직원, 출납원
*컨설턴트, 자문가

❻ What **does your sister** do for a living?
　　　　do you
　　　　do they

❼ Where **do you** work?
　　　　does Phillip
　　　　does your father

❽ I work for **Casio**.
　　　　　　a bank
　　　　　　a small company
　　　　　　a foreign* company

* 외국의

❾ I'm **an assistant manager** at Tekk-Co.
　　　an office manager
　　　a team leader*
　　　a supervisor*

* 대표
* 감독관, 관리자

❿ I teach at **Harvard**.
　　　　　　a university*
　　　　　　a high school
　　　　　　a private school*

* 대학
* 사립학교

STEP 4 대화로 훈련하기

A **① 일하세요?**
B Yes, I'm a consultant.

A Are you a high school student?
B **② 아니오, 대학생이에요.**

A What is your major?
B **③ 역사학을 전공하고 있어요.**

A Are you an office worker?
B **④ 아니오, 아직 구직 중이에요.**

A **⑤ 무슨 일 하세요?**
B I'm a nurse.

A What is your job?
B **⑥ 변호사로 일해요.**

A **언니는 직업이 뭐예요?**
B She's a lawyer, too.

A Where do you work?
B **카시오 사에서 일해요.**

A Do you have a job?
B Yes, **텍코 사의 부팀장이에요.**

A Where do you work?
B **하버드에서 강의를 해요.**

ANSWERS!!
1 Do you work? 2 No, I'm a college student. 3 I'm majoring in history.
4 No, I'm still searching for a job. 5 What do you do? 6 I work as a lawyer.
7 What does your sister do for a living? 8 I work for Casio.
9 I'm an assistant manager at Tekk-Co. 10 I teach at Harvard.

65

DAY 6 나이

STEP 1 통문장 말하기

076 몇 살이에요?

077 21살이에요.

078 제가 몇 살인지 맞혀보세요.

079 제가 보기에 당신은 23살쯤인 것 같아요.
약, ~쯤 about

080 올해 30살이 되었어요.
(어떤 나이·시기)가 되다 turn

STEP 2 통문장 외우기

How old are you?

I'm 21 years old.

Guess how old I am.

I'd say you're about 23.

I turned 30 this year.

STEP 1   통문장 말하기

081 다음 주 화요일이면 45살이 될 거예요.

082 그는 아직 20살이 안 됐어요.
완전히, 전적으로 quite

083 존은 아직 50살이 안 됐어요, 그렇죠?
아직 yet

084 스미스 씨는 여전히 50대예요.
여전히 still

085 저는 당신보다 두 살 위예요.

STEP 2 통문장 외우기

I'm going to be 45 next Tuesday.

He's not quite 20.

John is not yet 50, is he?

Mr. Smith is still in his fifties.

I'm 2 years older than you are.

STEP 1 통문장 말하기

086 제 남동생은 저보다 두 살 어려요.
~보다 어린 younger than

087 가족이 모두 몇 명이에요?
몇 사람 how many people

088 모두 4명이에요.
모두 합쳐 all together

089 제 언니가 맏이예요.
맏이, 가장 나이가 많은 the oldest

090 제가 막내예요.
막내, 가장 어린 the youngest

STEP 2 통문장 외우기

My brother is 2 years younger than I am.

How many people are there in your family?

There are four of us all together.

My sister is the oldest.

I'm the youngest.

STEP 3 패턴으로 훈련하기

❶ How old are you ?
　　　　　 is she
　　　　　 is that man

❷ I'm　　　　　 21 years old.
　 She's
　 My brother is

❸ Guess how old I am .
　　　　　　　　 he is
　　　　　　　　 my daughter is

❹ I'd say you're about 23.
　 I think
　 I guess

❺ I turned 30 this year.
　　　　　 40
　　　　　 50

⑥ | I'm / She's / Kenneth is | going to be 45 next Tuesday.

⑦ Mr. Smith is still in his | fifties / forties* / twenties* |.

*40대
*20대

⑧ I'm 2 years | older / younger | than you are.

⑨ How many people are there in | your family / his class / this company | ?

⑩ My sister is the | oldest / next to* oldest / youngest / next to youngest |.

*~ 다음의

73

STEP 4 대화로 훈련하기

A **① 몇 살이에요?**
B I'm 27 years old.

A **② 제가 몇 살인지 맞혀보세요.**
B I think you're about 30.

A How old are you? **③ 제가 보기에 당신은 23살쯤인 것 같아요.**
B Bingo!

A **④ 올해 30살이 되었어요.**
B Really? You look younger.

A Your brother is in his twenties, isn't he?
B **⑤ 그는 아직 20살이 안 됐어요.**

A **⑥ 스미스 씨는 여전히 50대예요.**
B And his brother is not yet 50.

A How old is your brother?
B I am 21 years old and ⁷제 남동생은 저보다 두 살 어려요.

A ⁸가족이 모두 몇 명이에요?
B There are six of us all together.

A How many people are there in your team?
B ⁹모두 4명이에요.

A Are you the oldest?
B No, ¹⁰제 언니가 맏이예요.

ANSWERS!!

1 How old are you?   2 Guess how old I am.   3 I'd say you're about 23.
4 I turned 30 this year.   5 He's not quite 20.   6 Mr. Smith is still in his fifties.
7 my brother is 2 years younger than I am.   8 How many people are there in your family?
9 There are four of us all together.   10 my sister is the oldest.

DAY 7 요일과 달

STEP 1   통문장 말하기

091 오늘은 무슨 요일이에요?
　　　무슨 요일 what day

092 오늘은 월요일이에요.
　　　월요일 Monday

093 어제는 일요일이었어요, 그렇지 않나요?
　　　일요일 Sunday

094 네, 그래요.

095 내일은 무슨 요일이에요?

STEP 2　통문장 외우기

What day is today?

Today is Monday.

Yesterday was Sunday, wasn't it?

Yes, it was.

What day is tomorrow?

STEP 1　통문장 말하기

096　내일은 화요일이에요.
　　　　　화요일 Tuesday

097　이번 달은 몇 월이에요?
　　　　　몇 월 what month

098　1월이에요.
　　　　　1월 January

099　지난달에 어디에 있었어요?

100　지난달에 입원해 있었어요.
　　　　　입원 중이다 be in the hospital

STEP 2 통문장 외우기

Tomorrow is Tuesday.

What month is this?

It's January.

Where were you last month?

I was in the hospital last month.

STEP 1 통문장 말하기

101 7월에 여기에 있었죠, 그렇지 않았나요?
7월 July

102 아니오, 그렇지 않았어요.

103 두 달 동안 떠나 있었어요.
(출장 등으로) 떠나 있다 be out of town

104 마지막 건강검진이 언제였어요?
건강검진 check-up

105 두 달 전이었어요.
~ 전 ago

STEP 2 통문장 외우기

You were here in July, weren't you?

No, I wasn't.

I was out of town for 2 months.

When was your last check-up?

It was 2 months ago.

STEP 3 패턴으로 훈련하기

❶ What day is **today** ?
tomorrow

❷ Today is **Monday** .
Tuesday
Wednesday* *수요일
Thursday* *목요일

❸ Yesterday was **Sunday** , wasn't it?
Friday* *금요일
Saturday* *토요일

❹ It's **January** .
February* *2월
March* *3월
April* *4월
May* *5월
June* *6월

❺ Where were you **last month** ?
last week
in January

❻ I was in the hospital last month .
last night
on Tuesday

❼ You were here in July , weren't you?
August* *8월
September* *9월
October* *10월
November* *11월
December* *12월

❽ I was out of town for 2 months .
days
weeks

❾ When was your last check-up ?
business trip* *출장
job interview* *(입사) 면접

❿ It was 2 months ago.
6 weeks
a year

STEP 4 대화로 훈련하기

A **❶ 오늘은 무슨 요일이에요?**

B Today is Friday.

A Today is Tuesday, isn't it?

B No, **❷ 오늘은 월요일이에요.**

A **❸ 어제는 일요일이었어요, 그렇지 않나요?**

B Yes, it was.

A **❹ 내일은 무슨 요일이에요?**

B Tomorrow is Tuesday.

A **❺ 이번 달은 몇 월이에요?**

B It's December.

A This is February, isn't it?

B No, **❻ 1월이에요.**

A ⑦ 지난달에 어디에 있었어요?

B I was in the hospital last month.

A Where were you during the summer?

B ⑧ 두 달 동안 떠나 있었어요.

A ⑨ 마지막 건강검진이 언제였어요?

B It was in October.

A When was our last meeting?

B ⑩ 두 달 전이었어요.

ANSWERS!!

1 What day is today?   2 today is Monday.   3 Yesterday was Sunday, wasn't it?
4 What day is tomorrow?   5 What month is this?   6 it's January.
7 Where were you last month?   8 I was out of town for 2 months.
9 When was your last check-up?   10 It was 2 months ago.

DAY 8 날짜와 장소

STEP 1 통문장 말하기

106 오늘이 며칠이에요?

107 오늘은 11월 1일이에요.

108 언제 태어났어요?
　　　태어나다 be born

109 1987년 11월 1일에 태어났어요.

110 오늘은 제 생일이에요.
　　　　　생일 birthday

STEP 2 통문장 외우기

What's the date today?

Today is November 1st.

When were you born?

I was born on November 1st, 1987.

Today is my birthday.

STEP 1　통문장 말하기

111　그는 1990년에 태어났어요.

112　정확한 날짜는 모르겠어요.
　　　정확한 exact

113　어디에서 태어났어요?

114　뉴욕의 작은 동네에서 태어났어요.
　　　동네, 소도시 town

115　고향은 어디예요?
　　　고향 hometown

STEP 2 통문장 외우기

He was born in 1990.

I don't know the exact date.

Where were you born?

I was born in a little town in New York.

Where is your hometown?

STEP 1 통문장 말하기

116 매디슨이 제 고향이에요.

117 어디에서 자랐어요?
자라다 grow up

118 시카고에서 자랐어요.

119 어느 학교에 다녔어요?

120 매디슨 고등학교를 다녔어요.

STEP 2 통문장 외우기

Madison is my hometown.

Where did you grow up?

I grew up in Chicago.

Where did you go to school?

I went to Madison High School.

STEP 3   패턴으로 훈련하기

❶ Today is November 1st .
　　　　　　　　　　2nd
　　　　　　　　　　3rd
　　　　　　　　　　4th

❷ When were you born?
　　　　 was he
　　　　 was Helen

❸ I was born on November 1st , 1987.
　　　　　　　　　　　　　11th
　　　　　　　　　　　　　12th
　　　　　　　　　　　　　21st

❹ Today is my birthday.
　　　　　　her
　　　　　　Henry's

❺ He was born in 1990 .
　　　　　　　　　2002
　　　　　　　　　2016

❻ Where **were you** born?
was she
were they

❼ I was born in a **little town in New York**.
small city
country town

❽ Where is your **hometown**?
home
birthplace*

*출생지

❾ I grew up in **Chicago**.
Seoul
Korea

❿ I went to Madison **High School**.
Elementary School*
Middle School*
College

*초등학교
*중학교

STEP 4 대화로 훈련하기

A　Good morning, John. ❶ 오늘이 며칠이에요?
B　Today is January 12th.

A　Betty, isn't it the first day of the month?
B　You're right. ❷ 오늘은 11월 1일이에요.

A　❸ 언제 태어났어요?
B　I was born on November 21st, 1987.

A　❹ 오늘은 제 생일이에요.
B　Congratulations.

A　When was he born?
B　❺ 그는 1990년에 태어났어요.

A　When is your mother's birthday?
B　I'm sorry, but ❻ 정확한 날짜는 모르겠어요.

A **Where were you born?**
B ⑦ **뉴욕의 작은 동네에서 태어났어요.**

A ⑧ **고향은 어디예요?**
B **Seoul is my hometown.**

A **Where did you grow up?**
B ⑨ **시카고에서 자랐어요.**

A ⑩ **어느 학교에 다녔어요?**
B **I went to Madison College.**

ANSWERS!!
1 What's the date today?   2 Today is November 1st.   3 When were you born?
4 Today is my birthday.   5 He was born in 1990.   6 I don't know the exact date.
7 I was born in a little town in New York.   8 Where is your hometown?
9 I grew up in Chicago.   10 Where did you go to school?

DAY 9 시간

STEP 1 통문장 말하기

121 몇 시예요?

122 2시예요.

123 2시 몇 분 지났어요.
몇, 조금 a few

124 몇 시인지 모르겠어요.

125 아직 4시는 안 된 것 같아요.

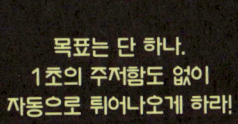

목표는 단 하나.
1초의 주저함도 없이
자동으로 튀어나오게 하라!

STEP 2 통문장 외우기

What time is it?

It's 2 o'clock.

It's a few minutes after 2.

I don't know what time it is.

I don't think it's 4 o'clock yet.

STEP 1   통문장 말하기

126 분명 3시 30분쯤일 거예요.
~임이 분명하다 must

127 5시에 저를 만날 수 있으세요?

128 아니오, 그럴 수 없어요.

129 매일 6시 전에 일어나요.
일어나다 get up

130 제 여동생은 7시 45분은 되어야 일어나요.
B는 되어야 비로소 A하다 not A until B

STEP 2 통문장 외우기

It must be about 3:30.

Can you meet me at 5?

No, I can't.

I get up before 6 o'clock every day.

My sister doesn't get up until 7:45.

STEP 1 통문장 말하기

131 내일 오전 10시에 여기 와 있을 건가요?

132 네, 그럴게요.

133 공연 10분 전이에요.

134 우리는 제시간에 도착할 거예요, 그렇지 않나요?
시간을 어기지 않고, 정각에 on time

135 그러길 바라요.

STEP 2 통문장 외우기

Will you be here at 10 a.m. tomorrow?

Yes, I will.

It's 10 minutes before the show.

We'll be on time, won't we?

I hope so.

STEP 3　패턴으로 훈련하기

❶ It's **2 o'clock**.
　　　2
　　　2 a.m*
　　　2 p.m*

*오전
*오후

❷ It's a few minutes **after** 2.
　　　　　　　　　　　before

❸ **I don't** know what time it is.
　 He doesn't
　 They don't

❹ I don't think it's **4 o'clock** yet.
　　　　　　　　　　4
　　　　　　　　　　4:30

❺ It must be about **3:30**.
　　　　　　　　　3 o'clock
　　　　　　　　　3:45

❻ Can you meet me at 5 ?
5:10
5:15

❼ I get up before 6 o'clock every day .
once a week*
on Mondays*

*일주일에 한 번
*월요일마다

❽ Will you be here at 10 a.m. tomorrow?
she
Jack

❾ It's 10 minutes before the show .
interview
party

❿ We'll be on time , won't we?
late*
early*

*늦은
*빠른, 이른

STEP 4 대화로 훈련하기

A **몇 시예요?**
B It's 2 o'clock.

A What time is it now?
B **2시 몇 분 지났어요.**

A Can you tell me what time it is?
B **몇 시인지 모르겠어요.**

A It's 4 o'clock, isn't it?
B **아직 4시는 안 된 것 같아요.**

A **분명 3시 30분쯤일 거예요.**
B 3:30? We'll be late for the meeting.

A **5시에 저를 만날 수 있으세요?**
B No, I can't. I can't leave the office until 6.

A What time do you get up every day?
B **⑦ 매일 6시 전에 일어나요.**

A Does your sister get up early, too?
B No, **⑧ 제 여동생은 7시 45분은 되어야 일어나요.**

A **⑨ 내일 오전 10시에 여기 와 있을 거예요?**
B Yes, I will. I'll be here on time.

A **⑩ 공연 10분 전이에요.**
B We'll be on time.

ANSWERS!!

1 What time is it?   2 It's a few minutes after 2.   3 I don't know what time it is.
4 I don't think it's 4 o'clock yet.   5 It must be about 3:30.   6 Can you meet me at 5?
7 I get up before 6 o'clock every day.   8 my sister doesn't get up until 7:45.
9 Will you be here at 10 a.m. tomorrow?   10 It's 10 minutes before the show.

DAY 10 소유 여부

STEP 1   통문장 말하기

136   자동차 있어요?

137   네, 있어요.

138   표 갖고 있죠, 그렇지 않나요?
표, 입장권 ticket

139   아니오, 갖고 있지 않아요.

140   저도 표를 안 갖고 있어요.
~도 또한 either

STEP 2 통문장 외우기

Do you have a car?

Yes, I do.

You have a ticket, don't you?

No, I don't.

I don't have a ticket, either.

STEP 1 통문장 말하기

141 존은 애완동물을 기르나요?
애완동물 pet

142 네, 길러요.

143 그는 개를 많이 기르죠, 그렇지 않나요?
많은 a lot of

144 아니오, 그는 한 마리도 기르지 않아요.

145 제 모자를 갖고 있지 않나요?
모자 hat

STEP 2 통문장 외우기

Does John have a pet?

Yes, he does.

He has a lot of dogs, doesn't he?

No, he doesn't have any.

Don't you have my hat?

STEP 1 통문장 말하기

146 네, 당신 모자와 코트 모두 가지고 있어요.
(둘 중) 모두 both

147 그는 여자친구가 없나요?

148 아니오, 예쁜 여자친구가 있어요.
* 부정의문문은 우리말 번역이 아닌 문장 내용의 긍정, 부정에 따라 답변한다.

149 형제자매가 몇 명이에요?

150 남자 형제 둘과 여자 형제 하나가 있어요.

STEP 2 통문장 외우기

Yes, I have both your hat and coat.

Doesn't he have a girlfriend?

Yes, he has a pretty one.

How many brothers and sisters do you have?

I have 2 brothers and 1 sister.

STEP 3   패턴으로 훈련하기

❶ Do [you / we / they] have a car?

❷ You have [a ticket / tickets / two tickets], don't you?

❸ I don't have [a ticket / a watch / any money], either.

❹ Does [John / he / your girlfriend] have a pet?

❺ He has [a lot of dogs / cats / dogs and cats], doesn't he?

⑥ Don't you have   my hat   ?   *열쇠
                   the keys*
                   a cell phone

⑦ Yes, I have both your hat and   coat   .   *넥타이
                                   tie*
                                   gloves*   *장갑

⑧ Doesn't he have   a girlfriend   ?
                    a family
                    children

⑨ How many   brothers and sisters   do you have?
             children
             cousins*   *사촌

⑩ I have   2 brothers and 1 sister   .
           2 sisters
           no* brothers and sisters   *하나도 없는

STEP 4   대화로 훈련하기

A ① 자동차 있어요?

B Yes, I do. I have a compact car.

A ② 표 갖고 있죠, 그렇지 않나요?

B No, I don't.

A I don't have a ticket. Do you have one?

B No, ③ 저도 표를 안 갖고 있어요.

A ④ 존은 애완동물을 기르나요?

B No, he doesn't. He doesn't like animals.

A ⑤ 그는 개를 많이 기르죠, 그렇지 않나요?

B Yes, he does. He has 5 dogs.

A Does he have a lot of cats?

B ⑥ 아니오, 그는 한 마리도 기르지 않아요.

A ❼ 제 모자를 갖고 있지 않나요?

B No, I don't know where it is.

A Where's my hat? Do you have it?

B Yes, Harry. ❽ 당신 모자와 코트 모두 가지고 있어요.

A ❾ 그는 여자친구가 없나요?

B Yes, he has a pretty one.

A ❿ 형제자매가 몇 명이에요?

B I only have 2 sisters.

ANSWERS!!

1 Do you have a car?   2 You have a ticket, don't you?   3 I don't have a ticket, either.
4 Does John have a pet?   5 He has a lot of dogs, doesn't he?
6 No, he doesn't have any.   7 Don't you have my hat?   8 I have both your hat and coat.
9 Doesn't he have a girlfriend?   10 How many brothers and sisters do you have?

DAY 11 언어 구사력

STEP 1 통문장 말하기

151 영어를 할 줄 아세요?

152 네, 조금이요.
조금, 약간 a little

153 당신의 친구는 중국어를 잘하나요?
중국어 Chinese

154 아니오, 그는 중국어를 거의 못해요.
아주 적은, 거의 없는 little

155 그는 중국어를 읽고 써요.

틀리면 어때?
일단 영어로 말해봐

STEP 2 통문장 외우기

Do you speak English?

Yes, a little.

Does your friend speak Chinese well?

No, he speaks very little Chinese.

He reads and writes Chinese.

STEP 1 통문장 말하기

156 당신의 영어는 나쁘지 않아요.

157 당신의 모국어는 무엇인가요?
태어난 곳의 native

158 제 모국어는 스페인어예요.
스페인어 Spanish

159 몇 개 국어를 하세요?

160 3개 국어를 해요.

STEP 2 통문장 외우기

Your English is not bad.

What's your native language?

My native language is Spanish.

How many languages do you speak?

I speak 3 languages.

STEP 1 통문장 말하기

161 여동생의 영어는 어때요?

162 그녀는 영어를 유창하게 해요.
유창하게, 술술 fluently

163 프랑스어를 얼마나 잘하세요?
프랑스어 French

164 발음하는 데 어려움이 많이 있어요.
~에 어려움이 있다, ~으로 고생하다 have trouble with

165 한국어식 억양으로 프랑스어를 말해요.
억양 accent

STEP 2 통문장 외우기

How is your sister's English?

She speaks English fluently.

How well do you speak French?

I have a lot of trouble with pronunciation.

I speak French with a Korean accent.

STEP 3 　패턴으로 훈련하기

❶ Do you speak **English** ?
　　　　　　　 Korean
　　　　　　　 French

❷ **Does your friend** speak Chinese well?
　 Does the man
　 Do the children

❸ No, he speaks very little **Chinese** .
　　　　　　　　　　　　　 English
　　　　　　　　　　　　　 Spanish

❹ Your English is not **bad** .
　　　　　　　　　　 too bad
　　　　　　　　　　 perfect* 　　　　　　　*완벽한
　　　　　　　　　　 great

❺ What's **your** native language?
　　　　 her
　　　　 your parents'* 　　　　　　　　*부모

❻ How many languages do you   speak?
                     does George
                     do they

❼ She speaks English fluently   .
                     very well
                     pretty* well   *어느 정도, 꽤

❽ How well do you speak French   ?
                        German*   *독일어
                        Japanese*   *일본어

❾ I have a lot of trouble with pronunciation .
                               grammar*   *문법
                               reading*   *읽기, 독해
                               writing*   *쓰기, 작문

❿ I speak French with a Korean   accent.
                      a Japanese
                      an Italian*   *이탈리아어

STEP 4   대화로 훈련하기

A 영어를 할 줄 아세요?
B Yes, a little.

A Does your friend speak Chinese well?
B 아니오, 그는 중국어를 거의 못해요.

A Does he speak Chinese?
B Yes, 그는 중국어를 읽고 써요.

A 당신의 영어는 나쁘지 않아요.
B Thank you. I studied English in college.

A 당신의 모국어는 무엇인가요?
B My native language is Korean.

A 몇 개 국어를 하세요?
B I speak 3 languages.

A **⑦ 여동생의 영어는 어때요?**
B She speaks English pretty well.

A How is her English?
B **⑧ 그녀는 영어를 유창하게 해요.**

A How well do you speak English?
B I can speak English, but **⑨ 발음하는 데 어려움이 많이 있어요.**

A **⑩ 한국어식 억양으로 프랑스어를 말해요.**
B I think your accent is fine.

ANSWERS!!

1 Do you speak English? 2 No, he speaks very little Chinese.
3 he reads and writes Chinese. 4 Your English is not bad.
5 What's your native language? 6 How many languages do you speak?
7 How is your sister's English? 8 She speaks English fluently.
9 I have a lot of trouble with pronunciation. 10 I speak French with a Korean accent.

DAY 12 명령·부탁·청유

STEP 1 통문장 말하기

166 앉아요.

167 문을 열지 말아요.

168 잘 들어보세요.
주의해서, 조심스럽게 carefully

169 일어나지 마세요.

170 저를 위해 이것을 읽어주세요.

STEP 2 통문장 외우기

어려운 단어 없이도 말할 수 있거든!

Sit down.

Don't open the door.

Listen carefully, please.

Don't stand up, please.

Please read this for me.

STEP 1 통문장 말하기

171 들어오지 마세요.
들어오다 come in

172 (우리) 이제 시작해요.

173 좋아요, 준비됐어요.
준비가 된 ready

174 (우리) 함께 영어 공부해요.

175 좋은 생각이에요.

STEP 2 통문장 외우기

Please don't come in.

Let's begin now.

OK, I'm ready.

Let's study English together.

That's a good idea.

STEP 1　통문장 말하기

176　(우리) 오늘밤은 외출하지 말아요.
외출하다, 나가다 go out

177　찬성이에요.
동의하다, 찬성하다 agree

178　(우리) 너무 서두르지 말아요.
서두르다, 급히 하다 hurry

179　동의하지 않아요.
동의하지 않다, 의견이 다르다 disagree

180　알겠어요.

STEP 2 통문장 외우기

Let's not go out tonight.

I agree.

Let's not hurry too much.

I disagree.

All right.

STEP 3　패턴으로 훈련하기

❶ Don't open the door .
　　　　　close the door
　　　　　touch* my phone

* 만지다

❷ Listen carefully , please.
　 Be careful
　 Pay attention*

* 집중하다

❸ Don't stand up , please.
　　　　　sit down
　　　　　move*

* 움직이다

❹ Please read this for me.
　　　　　 wait* here
　　　　　 carry* this box

* 기다리다
* 들고 가다, 나르다

❺ Please don't come in .
　　　　　　　 go out
　　　　　　　 leave* me here alone*

* 내버려두다 / * 혼자

❻ Let's begin now .
       stop here
       go to the mall

❼ OK   , I'm ready.
   All right
   Certainly*

*그럼, 물론

❽ That's a good   idea.
         a great
         an excellent*

*훌륭한, 탁월한

❾ Let's not go out tonight .
            give up*
            get together*

*포기하다
*만나다, 모이다

❿ I agree   .
    disagree
    can't accept* that

*인정하다, 받아들이다

STEP 4 대화로 훈련하기

A Hi, Jack. **앉아요.**
B Thanks, Betty. How are you this afternoon?

A **문을 열지 말아요.**
B But it's stuffy in here.

A Please say that again.
B **잘 들어보세요.**

A **일어나지 마세요.**
B Yes, Mr. Smith.

A How can I help you?
B **저를 위해 이것을 읽어주세요.** I can't see it very well.

A **들어오지 마세요.**
B Oh, I'm sorry.

A **(우리) 이제 시작해요.**

B OK, I'm ready.

A Let's study English together.

B **좋은 생각이에요.**

A There's a party for everyone tonight.

B **(우리) 오늘밤은 외출하지 말아요.** We have a math test tomorrow.

A **(우리) 너무 서두르지 말아요.** We have plenty of time.

B All right.

ANSWERS!!

1 Sit down.   2 Don't open the door.   3 Listen carefully, please.
4 Don't stand up, please.   5 Please read this for me.   6 Please don't come in.
7 Let's begin now.   8 That's a good idea.   9 Let's not go out tonight.
10 Let's not hurry too much.

DAY 13 원하는 것 묻고 답하기

STEP 1 통문장 말하기

181 음료수 마실래요?
음료, 마실 것 drink

182 네, 주세요.

183 뭐 마실래요?

184 커피 한 잔 주세요.

185 선반 위에 있는 저 신발을 사고 싶어요.
선반 shelf

STEP 2   통문장 외우기

Do you want a drink?

Yes, please.

What do you want?

I want a cup of coffee.

I want to buy those shoes on the shelf.

STEP 1 통문장 말하기

186 흰색과 갈색 중에 어느 색을 원하세요?

187 흰 것으로 주세요.

188 커피 드실래요?

189 저는 차를 마시겠어요.
　　　(~하기보다는 차라리) ~하겠다 would rather

190 뭐 드시고 싶으세요?
　　　~하고 싶다 would like to

STEP 2 통문장 외우기

Which color do you want – white or brown?

The white one, please.

Would you like some coffee?

I'd rather have some tea.

What would you like to eat?

STEP 1 통문장 말하기

191 파이 한 조각 주세요.

192 이것과 저것 중에 어느 것으로 하시겠어요?

193 저는 상관 없어요.
문제가 되다 matter

194 존스 씨와 얘기하고 싶어요.

195 죄송하지만 그분은 지금 바쁘세요.

STEP 2 통문장 외우기

I'd like a piece of pie.

Which one would you like – this one or that one?

It doesn't matter to me.

I'd like to talk with Mr. Jones.

I'm sorry, but he's busy right now.

STEP 3 패턴으로 훈련하기

❶ Do you want a drink / some bread* / some sugar* in your coffee ?

*빵
*설탕

❷ I want a cup of coffee / tea / hot chocolate .

❸ I want to buy those shoes / that phone / that red one on the shelf.

❹ Which color / size* / style* do you want?

*치수, 사이즈
*스타일

❺ Would you like some coffee / something to drink / something to eat ?

142

⑥ I'd rather have some tea .
   cake
   water

⑦ What would you like to eat ?
   drink
   choose*   *고르다, 선택하다

⑧ I'd like a piece of pie .
   a piece of cake
   some more* ice cream   *더 많은

⑨ Which one would you like – this one or that one?
   pattern*   *무늬
   flavor*   *맛

⑩ I'd like to talk with Mr. Jones.
   invite*   *초대하다
   go with

STEP 4   대화로 훈련하기

A ① 음료수 마실래요?
B Yes, please.

A What do you want?
B ② 커피 한 잔 주세요.

A ③ 선반 위에 있는 저 신발을 사고 싶어요.
B Let's ask them the price.

A ④ 흰색과 갈색 중에 어느 색을 원하세요?
B The white one, please.

A ⑤ 커피 드실래요?
B No, thanks. I don't drink coffee.

A Would you like some cookies?
B ⑥ 저는 차를 마시겠어요.

A **뭐 드시고 싶으세요?**

B I'd like a piece of cake.

A **이것과 저것 중에 어느 것으로 하시겠어요?**

B I'd rather have that one over there.

A Which pattern would you like – this one or that one?

B **저는 상관 없어요.**

A **존스 씨와 얘기하고 싶어요.**

B I'm sorry, but he's busy right now.

ANSWERS!!

1 Do you want a drink?   2 I want a cup of coffee.
3 I want to buy those shoes on the shelf.   4 Which color do you want – white or brown?
5 Would you like some coffee?   6 I'd rather have some tea.
7 What would you like to eat?   8 Which one would you like – this one or that one?
9 It doesn't matter to me.   10 I'd like to talk with Mr. Jones.

DAY 14 현재 진행 중인 일

트레이닝용
MP3 + 동영상

STEP 1 통문장 말하기

196 뭐 하는 중이에요?

197 책을 읽는 중이에요.

198 지금 아무것도 하고 있지 않아요.
지금 (당장) right now

199 당신의 친구는 뭐 하는 중이에요?

200 그는 내일 시험에 대비해 공부하는 중이에요.
~에 대비해 공부하다 study for

문법? 어순? 따지지 마!
통으로 말하는 거야!

STEP 2　통문장 외우기

What are you doing?

I'm reading a book.

I'm not doing anything right now.

What's your friend doing?

He's studying for the test tomorrow.

STEP 1 통문장 말하기

201 어디에 가는 중이에요?

202 집에 가는 중이에요.

203 무슨 생각을 하는 중이에요?
~에 대해 생각하다 think about

204 면접에 대해 생각하는 중이에요.
취업 면접 job interview

205 누구에게 이메일을 쓰는 중이에요?
~에게 이메일을 쓰다 email

STEP 2　통문장 외우기

Where are you going?

I'm going home.

What are you thinking about?

I'm thinking about the job interview.

Who are you emailing?

STEP 1 통문장 말하기

206 하와이에 사는 제 친구에게 이메일을 쓰는 중이에요.

207 누구를 기다리는 중이에요?
~을 기다리다 wait for

208 아무도 기다리고 있지 않아요.

209 왜 혼자 앉아 있어요?
혼자 alone

210 그냥 쉬고 있는 중이에요.
쉬다, 휴식을 취하다 take a rest

STEP 2 통문장 외우기

I'm emailing a friend of mine in Hawaii.

Who are you waiting for?

I'm not waiting for anybody.

Why are you sitting alone?

I'm just taking a rest.

STEP 3 패턴으로 훈련하기

❶ What | are you / is she / are they | doing?

❷ I'm reading | a book / a magazine* / an email | .   *잡지

❸ I'm not doing anything | right now / just now* / at the moment* | .   *바로 지금   *바로 지금

❹ He's / My sister's / Bill and I are | studying for the test tomorrow.

❺ I'm going | home / to work / to school | .

❻ I'm thinking about | the job interview |.
　　　　　　　　　　| my family |
　　　　　　　　　　| my future* |　　　　　　　　　　＊미래

❼ Who are you | emailing |?
　　　　　　　| talking to |
　　　　　　　| looking at* |　　　　　　　　　　＊~을 바라보다

❽ I'm emailing | a friend of mine | in Hawaii.
　　　　　　　| my girlfriend |
　　　　　　　| my cousin |

❾ I'm not waiting for | anybody |.
　　　　　　　　　　| her |
　　　　　　　　　　| Jerry |

❿ I'm just | taking a rest |.
　　　　　| browsing* |　　　　　　　　　　＊둘러보다
　　　　　| walking around* |　　　　　　　　＊돌아다니다

STEP 4 대화로 훈련하기

A **뭐 하는 중이에요?**
B I'm reading a magazine.

A What are you doing, Jane?
B **지금 아무것도 하고 있지 않아요.** Just daydreaming.

A What's your friend doing?
B **그는 내일 시험에 대비해 공부하는 중이에요.**

A **어디에 가는 중이에요?**
B I'm going home.

A What are you thinking about?
B **면접에 대해 생각하는 중이에요.**

A **누구에게 이메일을 쓰는 중이에요?**
B I don't want to tell you. Don't ask.

A **What are you doing?**
B ❼ 하와이에 사는 제 친구에게 이메일을 쓰는 중이에요.

A ❽ 누구를 기다리는 중이에요?
B **I'm waiting for Helen.**

A **Who are you waiting for, Bill?**
B ❾ 아무도 기다리고 있지 않아요.

A ❿ 왜 혼자 앉아 있어요?
B **I'm just taking a rest.**

ANSWERS!!
1 What are you doing?   2 I'm not doing anything right now.
3 He's studying for the test tomorrow.   4 Where are you going?
5 I'm thinking about the job interview.   6 Who are you emailing?
7 I'm emailing a friend of mine in Hawaii.   8 Who are you waiting for?
9 I'm not waiting for anybody.   10 Why are you sitting alone?

DAY 15 평상시 일과

STEP 1 통문장 말하기

211 매일 몇 시에 일어나세요?
매일 every day   일어나다 get up

212 매일 6시에 일어나요.

213 보통 일찍 깨요.
보통 usually   깨어나다 wake up

214 제 형은 저보다 늦게 일어나요.
~보다 늦게 later than

215 아침에 운동을 해요.
운동하다 work out

STEP 2 통문장 외우기

What time do you get up every day?

I get up at 6 o'clock every day.

I usually wake up early.

My brother gets up later than I do.

I work out in the morning.

STEP 1   통문장 말하기

216   옷을 입은 후에 아침식사를 해요.
옷을 입다 get dressed

217   대체로 아침을 거하게 먹어요.
푸짐한 아침 식사 a big breakfast

218   아침식사로 토스트와 커피를 먹어요.

219   매일 오전 8시에 집을 나서요.
날마다 each day   떠나다 leave

220   매일 아침 9시에 출근해요.
출근하다 get to work

STEP 2　통문장 외우기

After I get dressed, I have breakfast.

Usually, I have a big breakfast.

I have toast and coffee for breakfast.

I leave the house at 8 a.m. each day.

I get to work at 9 o'clock every morning.

STEP 1 통문장 말하기

221 12시 30분쯤에 점심식사 하러 가요.

222 오후 6시에 일을 마쳐요.
~하기를 마치다 finish – ing

223 7시쯤에 저녁을 먹어요.

224 저녁식사 전에 잠시 온라인 뉴스를 읽어요.
잠깐, 얼마 동안 for a while

225 보통 밤 12시쯤에 잠자리에 들어요.
밤 12시 midnight   잠자리에 들다 go to bed

STEP 2　통문장 외우기

I go out for lunch at about 12:30.

I finish working at 6 p.m.

I eat dinner at about 7 o'clock.

Before dinner, I read online news for a while.

I usually go to bed at about midnight.

STEP 3 패턴으로 훈련하기

❶ What time | do you / does your brother / do your kids* | get up every day?

*아이

❷ I get up at 6 o'clock | every day / during weekdays* / once in a while* | .

*주중
*가끔, 이따금

❸ I usually | wake up / get up / get to work | early.

❹ My brother | gets up / has breakfast / gets to work | later than I do.

❺ I work out | in the morning / early in the morning / at night | .

⑥ Usually, I have a | big / small* / light* | breakfast.

* 조촐한
* 가벼운

⑦ I leave | the house / my office | at 8 a.m. each day.

⑧ I finish | working / eating dinner / taking a shower* | at 6 p.m.

* 샤워를 하다

⑨ Before dinner, I | read online news / listen to music / watch TV | for a while.

⑩ I usually go to bed at about | midnight / 12 o'clock / dawn* | .

* 새벽, 동틀 무렵

STEP 4   대화로 훈련하기

A **매일 몇 시에 일어나세요?**
B I get up at 7. I usually wake up early.

A Do you get up early every day?
B Yes, **매일 6시에 일어나요.**

A Does your brother get up early every day?
B No, **제 형은 저보다 늦게 일어나요.**

A When do you work out?
B **아침에 운동을 해요.**

A What do you do after you get dressed?
B **옷을 입은 후에 아침식사를 해요.**

A What do you have for breakfast?
B **아침식사로 토스트와 커피를 먹어요.**

A What time do you arrive at work every day?
B ⑦ 매일 아침 9시에 출근해요.

A What time do you finish working every day?
B ⑧ 오후 6시에 일을 마쳐요.

A What do you do before dinner?
B ⑨ 저녁식사 전에, 잠시 온라인 뉴스를 읽어요.

A What time do you go to bed?
B ⑩ 보통 밤 12시쯤에 잠자리에 들어요.

ANSWERS!!

1 What time do you get up every day?   2 I get up at 6 o'clock every day.
3 my brother gets up later than I do.   4 I work out in the morning.
5 After I get dressed, I have breakfast.   6 I have toast and coffee for breakfast.
7 I get to work at 9 o'clock every morning.   8 I finish working at 6 p.m.
9 Before dinner, I read online news for a while.   10 I usually go to bed at about midnight.

DAY 16 어제 일과

STEP 1 통문장 말하기

226 어제 아침 몇 시에 일어났어요?

227 일찍 깨서 6시에 일어났어요.

228 옷을 입고 아침식사를 했어요.

229 아침식사로 뭐 먹었어요?
어떤 (종류의) ~ what kind of

230 아침식사로 시리얼을 좀 먹었어요.

STEP 2 통문장 외우기

What time did you get up yesterday morning?

I woke up early, so I got up at 6 o'clock.

I got dressed and had breakfast.

What kind of breakfast did you have?

I had some cereal for breakfast.

STEP 1 통문장 말하기

231 어제 몇 시에 출근했어요?

232 8시에 집을 나서서 8시 30분에 출근했어요.

233 이른 아침부터 밤 늦게까지 일했어요.
늦게까지 until late

234 정오에 제 친구 한 명과 점심식사를 했어요.
정오 noon

235 6시에 일을 마치고 집에 갔어요.

STEP 2 통문장 외우기

What time did you get to work yesterday?

I left the house at 8 o'clock and got to work at 8:30.

I worked from early in the morning until late at night.

At noon, I had lunch with a friend of mine.

I finished working at 6 and went home.

STEP 1 통문장 말하기

236 저녁식사 후 뭐 했어요?

237 저녁식사 후에 페이스북을 확인하고 책을 읽었어요.

238 그러고 나서 가족과 함께 TV를 봤어요.
그러고는, 그 다음에 then

239 밤 11시 30분에 잠자리에 들었어요.

240 곧바로 잠이 들었어요.
곧바로 right away

STEP 2 통문장 외우기

What did you do after dinner?

After dinner, I checked Facebook and read a book.

Then, I watched TV with my family.

I went to bed at 11:30 p.m.

I fell asleep right away.

STEP 3 패턴으로 훈련하기

❶ What time did you get up / leave the house / get to work yesterday morning?

❷ What kind / sort* / type* of breakfast did you have?

*종류, 유형
*종류, 유형

❸ I had some cereal / toast and coffee / bread and milk for breakfast.

❹ What time did you get to work / to school / home yesterday?

❺ I worked from early in the morning / 8 a.m. / about noon until late at night.

❻ At noon, I had lunch with a friend of mine .
　　　　　　　　　　　　　　　 my coworkers
　　　　　　　　　　　　　　　 my client*

*고객

❼ I finished working at 6 and went home .
　　　　　　　　　　　　　　　　　　to a friend's house
　　　　　　　　　　　　　　　　　　to the fitness center*

*헬스 클럽

❽ After dinner, I checked Facebook and read a book.
　　　　　　　　　　did the dishes*
　　　　　　　　　　took a shower

*설거지를 하다

❾ I went to bed at 11:30 p.m .
　　　　　　　　at 11:30 sharp*
　　　　　　　　around* 11:30
　　　　　　　　after 11:30

*정확히 그 시각에
*쯤, 정도

❿ I fell asleep right away .
　　　　　　　　immediately*
　　　　　　　　early
　　　　　　　　late

*바로, 즉시

STEP 4　대화로 훈련하기

A　❶ 어제 아침 몇 시에 일어났어요?

B　I woke up early, so I got up at 6 o'clock.

A　What did you do after you got up?

B　❷ 옷을 입고 아침식사를 했어요.

A　❸ 아침식사로 뭐 먹었어요?

B　I had some cereal for breakfast.

A　What time did you get to work yesterday?

B　❹ 8시에 집을 나서서 8시 30분에 출근했어요.

A　Did you work all day yesterday, Bill?

B　Yes, I did. ❺ 이른 아침부터 밤 늦게까지 일했어요.

A　What time did you have lunch yesterday?

B　❻ 정오에 제 친구 한 명과 점심식사를 했어요.

A **저녁식사 후 뭐 했어요?**
B After dinner, I checked Facebook and posted some pictures.

A Then, what did you do?
B **그러고 나서 가족과 함께 TV를 봤어요.**

A What time did you go to bed?
B **밤 11시 30분에 잠자리에 들었어요.**

A Did you fall asleep immediately?
B Yes, **곧바로 잠이 들었어요.**

ANSWERS!!

1 What time did you get up yesterday morning?   2 I got dressed and had breakfast.
3 What kind of breakfast did you have?
4 I left the house at 8 o'clock and got to work at 8:30.
5 I worked from early in the morning until late at night.
6 At noon, I had lunch with a friend of mine.   7 What did you do after dinner?
8 Then, I watched TV with my family.   9 I went to bed at 11:30 p.m.
10 I fell asleep right away.

DAY 17 다른 사람의 말 전하기

STEP 1   통문장 말하기

241   어제 존을 만났어요?

242   아니오, 존은 못 만났지만 매튜는 만났어요.

243   무슨 이야기를 했어요?
~에 대해 이야기하다 talk about

244   우리는 많은 것들에 대해 이야기했어요.

245   그에게 많은 질문을 했어요.
묻다 ask

STEP 2   통문장 외우기

Did you see John yesterday?

No, I didn't, but I saw Matthew.

What did you talk about?

We talked about a lot of things.

I asked him a lot of questions.

STEP 1 통문장 말하기

246 그에게 무엇을 물어봤나요?

247 그에게 한국어를 말할 수 있는지 물어봤어요.
~인지 아닌지 묻다 ask if

248 그는 한국어를 조금 말할 수 있다고 했어요.

249 그에게 한국에 대해 어떤 점을 좋아하냐고 물어봤어요.

250 그가 뭐라고 말했어요?

STEP 2 통문장 외우기

What did you ask him?

I asked him if he spoke Korean.

He said he spoke a little Korean.

I asked him what he liked about Korea.

What did he say?

STEP 1 통문장 말하기

251 그는 음식이 제일 좋다고 말했어요.

252 그에게 왜 박물관을 그렇게 자주 방문하는지 물어봤어요.
박물관 museum   자주 often

253 그는 한국의 역사에 관심이 있다고 말했어요.
~에 관심이 있다 be interested in

254 마지막으로 그에게 여자친구가 있는지 물어봤어요.
마지막으로 finally

255 그는 그 질문에 답하고 싶지 않다고 했어요.
~하고 싶지 않다 would rather not

STEP 2 통문장 외우기

He said he liked the food best.

I asked him why he visited museums so often.

He said he was interested in Korean history.

Finally, I asked him if he had a girlfriend.

He said he would rather not answer the question.

STEP 3 패턴으로 훈련하기

❶ Did you see **John / your friend Anna / one of your old friends** yesterday?

❷ We talked about a lot of **things / subjects* / different issues***.

*주제, 문제
*이슈, 쟁점

❸ I asked **him / her / them** a lot of questions.

❹ I asked him if he **spoke Korean / got up early / wanted a cup of coffee**.

❺ He said he **spoke a little Korean / got up late / didn't want coffee**.

❻ I asked him what he | liked about Korea |.
　　　　　　　　　　　| didn't like about Korea |
　　　　　　　　　　　| wanted to learn* here |

*배우다

❼ I asked him why he | visited museums so often |.
　　　　　　　　　　| learned Korean |
　　　　　　　　　　| liked Korean culture* so much |

*문화

❽ He said he was interested in | Korean history |.
　　　　　　　　　　　　　　　| learning languages |
　　　　　　　　　　　　　　　| Korean movies* |

*영화

❾ | Finally |, I asked him if he had a girlfriend.
　| First* |
　| Then |

*먼저, 우선

❿ He said he | would rather not | answer the question.
　　　　　　 | didn't want to |

183

STEP 4   대화로 훈련하기

A ❶ 어제 존을 만났어요?

B No, I didn't, but I saw my friend Anna.

A ❷ 무슨 이야기를 했어요?

B Oh, we talked about a lot of different issues.

A Did you talk with Bill yesterday afternoon?

B Yes, ❸ 그에게 많은 질문을 했어요.

A ❹ 그에게 무엇을 물어봤나요?

B Oh, I asked him if he enjoyed shopping.

A What did you ask the tourist, Jack?

B ❺ 그에게 한국어를 말할 수 있는지 물어봤어요.

A What else did you ask him?

B ❻ 그에게 한국에 대해 어떤 점을 좋아하냐고 물어봤어요.

A ❼ 그가 뭐라고 말했어요?

B He said he was interested in Vietnam.

A Did you ask him what he liked about the country?

B Yes, ❽ 그는 음식이 제일 좋다고 말했어요.

A Did you ask George why he visited museums so often?

B Of course. ❾ 그는 한국의 역사에 관심이 있다고 말했어요.

A What was your last question?

B ❿ 마지막으로 그에게 여자친구가 있는지 물어봤어요.

ANSWERS!!
1 Did you see John yesterday?   2 What did you talk about?
3 I asked him a lot of questions.   4 What did you ask him?
5 I asked him if he spoke Korean.   6 I asked him what he liked about Korea.
7 What did he say?   8 he said he liked the food best.
9 He said he was interested in Korean history.
10 Finally, I asked him if he had a girlfriend.

DAY 18 과거의 습관적인 행동

STEP 1 통문장 말하기

256 몇 시에 일어나곤 했나요?
(이전에는) ~하곤 했다 used to

257 일찍 깨서 7시에 일어나곤 했어요.
잠자리에서 일어나다 get out of bed

258 보통 일찍 잠자리에 들어서 늦게 깬 적이 전혀 없었어요.

259 매일 같은 시각에 산책을 하곤 했어요.
산책하다 take a walk

260 정확히 7시 30분에 출근하러 나서곤 했어요.
정확히 exactly   출근하러 집을 나서다 leave for work

STEP 2　통문장 외우기

What time did you use to get up?

I used to wake up early and get out of bed at 7 o'clock.

I usually went to bed early and never woke up late.

I used to take a walk at the same time every day.

I used to leave for work at exactly 7:30.

STEP 1 통문장 말하기

261 언제 출근하곤 했나요?

262 보통 9시 전에 회사에 도착했어요.

263 회사에 늦은 적이 전혀 없었어요.

264 매일 거의 저녁 7시까지 일했어요.
거의 nearly

265 여름 휴가는 어디로 가곤 했나요?
휴가 vacation

STEP 2　통문장 외우기

When did you use to get to work?

I usually arrived at work before 9.

I was never late for work.

I worked until nearly 7 p.m. each day.

Where did you use to go for summer vacation?

STEP 1 통문장 말하기

266 여름에는 항상 뉴욕에 있는 부모님 댁에 갔어요.
항상, 늘 always

267 남동생과 저는 함께 놀곤 했어요.
시간을 보내다, 어울려 놀다 hang out

268 우리는 일주일에 한 번 영화를 보러 가곤 했어요.
일주일에 한 번 once a week   영화 보러 가다 go to the movies

269 몸에 안 좋은 음식을 많이 먹곤 했어요.
몸에 안 좋은 음식 junk food

270 거의 매일 점심으로 피자를 먹었어요.
거의 almost

STEP 2 통문장 외우기

I always visited my parents in New York in the summer.

My brother and I used to hang out together.

We used to go to the movies once a week.

I used to eat a lot of junk food.

I ate pizza for lunch almost every day.

STEP 3　패턴으로 훈련하기

① What time did you use to get up / leave for work / start working ?

② I used to wake up early and get out of bed at 7 o'clock / 7:30 a.m / 5 minutes after 7 .

③ I usually / always / almost always went to bed early and never woke up late.

④ I used to take a walk at the same time / a different time / a different hour* every day.

*시간

⑤ When did you use to get to / arrive at work?

❻ I was never   late for work.
        hardly ever*
        rarely*

*거의 ~하지 않는

*좀처럼 ~하지 않는

❼ I worked until nearly   7 p.m. each day.
                  close to*
                  after

*~ 가까이

❽ I always visited my parents in New York in the summer .
                                            in December
                                            on Christmas Eve

❾ We used to go to the movies   once a week.
                    a party
                    a concert*

*콘서트, 공연

❿ I ate pizza for lunch almost every day .
                         all the time*
                         once in a while*

*항상

*가끔

STEP 4 대화로 훈련하기

A ① 몇 시에 일어나곤 했나요?

B I used to wake up early and get out of bed at 7 o'clock.

A Did you use to get up early every morning?

B Yes, ② 보통 일찍 잠자리에 들어서 늦게 깬 적이 전혀 없었어요.

A What did you use to do in the morning?

B ③ 매일 같은 시각에 산책을 하곤 했어요.

A What time did you use to leave for work?

B ④ 정확히 7시 30분에 출근하러 나서곤 했어요.

A ⑤ 언제 출근하곤 했나요?

B I usually arrived at work before 9.

A Did you use to be late for work?

B No, ⑥ 회사에 늦은 적이 전혀 없었어요.

A　You used to work past 6 o'clock every day, didn't you?
B　Yes, ⑦ 매일 거의 저녁 7시까지 일했어요.

A　⑧ 여름 휴가는 어디로 가곤 했나요?
B　I always visited my parents in New York in the summer.

A　Did you use to go to the movies a lot?
B　Yes, ⑨ 우리는 일주일에 한 번 영화를 보러 가곤 했어요.

A　⑩ 몸에 안 좋은 음식을 많이 먹곤 했어요.
B　So did I. I ate pizza for lunch all the time.

ANSWERS!!

1　What time did you use to get up?
2　I usually went to bed early and never woke up late.
3　I used to take a walk at the same time every day.
4　I used to leave for work at exactly 7:30.　5　When did you use to get to work?
6　I was never late for work.　7　I worked until nearly 7 p.m. each day.
8　Where did you use to go for summer vacation?
9　we used to go to the movies once a week.　10　I used to eat a lot of junk food.

DAY 19 처음 만난 사람과 대화하기

STEP 1 통문장 말하기

271 어디 사세요?

272 리버사이드로(路)에 살아요.

273 주소가 어떻게 되나요?
주소 address

274 리버사이드로(路)에 있는 하이랜드 아파트에 살아요.

275 이 근처에 사세요?
이 근처에 near here

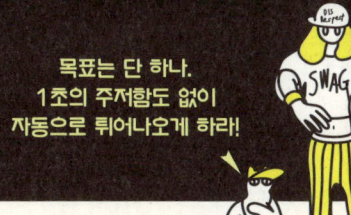

STEP 2　통문장 외우기

Where do you live?

I live on Riverside Street.

What's your address?

I live at Highland Apartments on Riverside Street.

Do you live near here?

STEP 1   통문장 말하기

276   다른 지역 출신이에요.
타지 출신이다 be from out of town

277   여기서 얼마 동안 살았어요?

278   여기서 5년 동안 살았어요.

279   잭 옆집에 살아요.
~ 옆집[건물]에 next door to

280   고등학교 때부터 그와 알고 지내왔어요.
~부터[이후] since

STEP 2 통문장 외우기

I'm from out of town.

How long have you lived here?

I've lived here for 5 years.

I live next door to Jack.

I've known him since high school.

STEP 1 통문장 말하기

281 <다빈치 코드>라는 책 들어본 적 있어요?
~에 대해 듣다 hear of

282 이미 그 책을 읽었어요.

283 새로 생긴 중국 음식점에 가보셨어요?

284 아니오, 아직 안 가봤어요.

285 그럼요, 훌륭한 곳이었어요.

STEP 2 통문장 외우기

Have you heard of the book *The Da Vinci Code*?

I've already read that book.

Have you been to the new Chinese restaurant?

No, I haven't been yet.

Sure, it was a nice place.

STEP 3 패턴으로 훈련하기

❶ Where **do you / does she / do your parents** live?

❷ I live on **Riverside Street / Magnolia Road / New York Avenue**.

❸ I live at **Highland Apartments on Riverside Street / Pearl Studios on Jones Boulevard / 1600 University Drive**.

❹ I'm from **out of town / out of state* / another country***.

* 다른 주
* 다른 나라

❺ How long **have you / has John / has your family** lived here?

❻ I've lived here for 5 years .
over* 10 years
about 6 months

*~ 이상

❼ I've known him since high school .
2015
I was a child

❽ Have you heard of the book *The Da Vinci Code* ?
the company Alibaba
the new policy*

*규정, 정책

❾ I've already read that book .
heard of it
seen the movie

❿ Have you been to the new Chinese restaurant ?
France*
Disneyland*

*프랑스
*디즈니랜드

STEP 4 대화로 훈련하기

A **어디 사세요?**
B I live on Magnolia Road.

A **주소가 어떻게 되나요?**
B I live at Pearl Studios on Jones Boulevard.

A **이 근처에 사세요?**
B Yes, I live at 1600 University Drive.

A Do you live here in the city?
B No, **다른 지역 출신이에요.**

A **여기서 얼마 동안 살았어요?**
B Oh! I just moved in today.

A How long have you lived here, Betty?
B **여기서 5년 동안 살았어요.**

A ❼ 잭 옆집에 살아요.

B Really? I haven't seen you before.

A How long have you known Henry?

B ❽ 고등학교 때부터 그와 알고 지내왔어요.

A ❾ <다빈치 코드>라는 책 들어본 적 있어요?

B Yes, I have. I read it a few years ago.

A Have you been to France?

B ❿ 아니오, 아직 안 가봤어요.

ANSWERS!!

1 Where do you live? 2 What's your address? 3 Do you live near here?
4 I'm from out of town. 5 How long have you lived here? 6 I've lived here for 5 years.
7 I live next door to Jack. 8 I've known him since high school.
9 Have you heard of the book *The Da Vinci Code*? 10 No, I haven't been yet.

DAY 20 과거에 진행 중이었던 일

STEP 1 통문장 말하기

286 제가 전화했을 때 TV를 보던 중이었어요?

287 아니오, 저녁을 먹고 있었어요.

288 점심시간에 뭐 하고 있었어요?
점심시간 lunch break

289 인터넷을 검색하고 있었어요.
인터넷을 검색하다 surf the Internet

290 어제 오후에 어디 있었어요?

STEP 2 통문장 외우기

Were you watching TV when I called you?

No, I was eating dinner.

What were you doing during the lunch break?

I was surfing the Internet.

Where were you yesterday afternoon?

STEP 1 통문장 말하기

291 오후 내내 집에 있었어요.
오후 내내 all afternoon

292 제가 당신을 봤을 때 어디에 가던 중이었어요?

293 근처 쇼핑몰에 가고 있었어요.
가까운 곳에, 인근에 nearby

294 오늘 아침에 제가 뭘 하고 있었는지 알아맞힐 수 있겠어요?
추측하다, 짐작하다 guess

295 제게 이메일을 쓰고 있었을 거예요.

STEP 2 통문장 외우기

I was at home all afternoon.

Where were you going when I saw you?

I was going to the mall nearby.

Can you guess what I was doing this morning?

I guess you were emailing me.

STEP 1 통문장 말하기

296 당신이 이메일을 쓰는 동안 저는 책을 읽고 있었어요.

297 어제 오후에 우리가 무슨 이야기를 하고 있었는지 기억을 못 하겠어요.
기억하다 remember

298 우리는 주말 계획에 대해 의논하고 있었어요.
상의하다, 의논하다 discuss

299 부모님이 언제 전화하셨나요?

300 그들은 우리가 저녁식사를 하고 있을 때 전화했어요.
~할 때 as

STEP 2 통문장 외우기

While you were writing an email, I was reading a book.

I can't remember what we were talking about yesterday afternoon.

We were discussing our weekend plans.

When did your parents call you?

They called us as we were having dinner.

STEP 3 패턴으로 훈련하기

① Were you watching TV when I called you?
cleaning* your house
doing your homework*

* 청소하다
* 숙제하다

② No, I was eating dinner .
emailing someone
studying for the test

③ What were you doing during the lunch break?
thinking about
reading

④ Where were you yesterday afternoon?
were you and Bill
was Steve

⑤ I was at home all afternoon.
at work
away* from home

* 떨어져 있는

6. Can you guess what I was doing this morning?
   where I was going
   what we were talking about

7. While you were writing an email, I was reading a book.
   playing games
   texting* him

   *문자를 보내다

8. I can't remember what we were talking about yesterday afternoon.
   where he was going
   what they were doing there

9. We were discussing our weekend plans.
   some ideas
   the new project*

   *계획, 프로젝트

10. They called us as we were having dinner.
    leaving the house
    going to bed

STEP 4   대화로 훈련하기

A **❶ 제가 전화했을 때 TV를 보던 중이었어요?**
B No, I was emailing someone.

A **❷ 점심시간에 뭐 하고 있었어요?**
B I was surfing the Internet.

A Where were you yesterday afternoon?
B **❸ 오후 내내 집에 있었어요.**

A Where were you going when I saw you?
B **❹ 근처 쇼핑몰에 가고 있었어요.**

A **❺ 오늘 아침에 제가 뭘 하고 있었는지 알아맞힐 수 있겠어요?**
B No, I can't. Please tell me.

A Can you guess what I was doing when he came into my room?
B **❻ 제게 이메일을 쓰고 있었을 거예요.**

A What were you doing while I was writing an email?
B ⑦ 당신이 이메일을 쓰는 동안 저는 책을 읽고 있었어요.

A What were you talking about yesterday afternoon?
B ⑧ 어제 오후에 우리가 무슨 이야기를 하고 있었는지 기억을 못 하겠어요.

A What were you and Jenny doing there?
B ⑨ 우리는 주말 계획에 대해 의논하고 있었어요.

A When did your parents call you?
B ⑩ 그들은 우리가 저녁식사를 하고 있을 때 전화했어요.

ANSWERS!!

1 Were you watching TV when I called you?
2 What were you doing during the lunch break?   3 I was at home all afternoon.
4 I was going to the mall nearby.   5 Can you guess what I was doing this morning?
6 I guess you were emailing me.
7 While you were writing an email, I was reading a book.
8 I can't remember what we were talking about yesterday afternoon.
9 We were discussing our weekend plans.
10 They called us as we were having dinner.

Ready For

The Next Book

휴·대·용

통문장
암기장

목표 달성 체크업

각 Day에서 내가 암기한 문장 수만큼 색칠하세요.

DAY 1									
DAY 2									
DAY 3									
DAY 4									
DAY 5									
DAY 6									
DAY 7									
DAY 8									
DAY 9									
DAY 10									
DAY 11									
DAY 12									
DAY 13									
DAY 14									
DAY 15									
DAY 16									
DAY 17									
DAY 18									
DAY 19									
DAY 20									

0　15　30　45　60　75　90　105　120　135

1st week

2nd week

3rd week

4th week

| 150 | 165 | 180 | 195 | 210 | 225 | 240 | 255 | 270 | 285 | 300 |

DAY 1 인사

001 안녕하세요?
002 좋은 아침이에요.
003 오늘 아침 기분은 어떠세요?
004 잘 지내요, 고마워요.
005 헬렌은 어떻게 지내나요?

---

006 그녀는 잘 지내요, 고마워요.
007 그녀에게 안부 좀 전해주세요.
008 오래간만이에요!
009 어떻게 지내요?
010 나쁘지 않아요.

---

011 어떻게 지내요?
012 잘 지내요.
013 잘 가요, 빌.
014 나중에 만나요.
015 연락해요.

Hello.

Good morning.

How are you this morning?

Fine, thanks.

How's Helen?

She's very well, thank you.

Say hello to her for me.

Long time, no see!

How are you doing?

Not bad.

How's everything?

Things are good.

Good-bye, Bill.

See you later.

Keep in touch.

DAY 2 소개

016 이름이 뭐예요?

017 제 이름은 필립입니다.

018 전 브래드 머피입니다.

019 그냥 브래드라고 불러주세요.

020 당신 친구의 이름은 뭐예요?

---

021 그의 이름은 애덤 스펜서입니다.

022 당신은 데이비드의 형인가요?

023 아니오, 그렇지 않아요.

024 데이비드와 저는 오래된 친구예요.

025 애나, 이분은 마이어스 씨예요.

---

026 만나 뵙게 되어 매우 반갑습니다.

027 제 형과 인사 나누세요.

028 만나서 반가워요.

029 만나서 반가웠어요.

030 또 만나길 바랍니다.

What's your name?

My name is Phillip.

I'm Brad Murphy.

Just call me Brad.

What's your friend's name?

His name is Adam Spencer.

Are you David's brother?

No, I'm not.

David and I are old friends.

Anna, this is Mr. Meyers.

I'm so glad to meet you.

Meet my brother.

Nice to meet you.

Nice meeting you.

Hope to see you again.

DAY 3 소유관계

031 이건 뭐예요?

032 그건 제 휴대폰이에요.

033 이게 당신의 노트북인가요?

034 아니오, 그건 제 노트북이 아니에요.

035 그건 그의 것이에요.

---

036 이건 누구의 휴대폰인가요?

037 그건 그녀의 것이에요.

038 이것들은 뭐예요?

039 그것들은 제 책이에요.

040 이것들은 당신 펜이에요?

---

041 네, 그래요.

042 그것들은 제 것이에요.

043 그것들은 당신 펜이 아니에요, 그렇죠?

044 아니오, 그렇지 않아요.

045 이것들은 제 남동생 것이고, 그것들은 여동생 거예요.

What's this?

That's my cell phone.

Is this your laptop?

No, that's not my laptop.

That's his.

Whose cell phone is this?

That's hers.

What are these?

Those are my books.

Are these your pens?

Yes, they are.

Those are mine.

Those aren't your pens, are they?

No, they aren't.

These are my brother's, and those are my sister's.

DAY 4 신분과 관계

046 직장인이세요?
047 네, 직장인이에요.
048 저기에 있는 저 사람은 누구인가요?
049 그도 직장인이에요.
050 저 남자는 당신 남자친구인가요?

051 아니오, 그렇지 않아요.
052 그와 저는 그냥 친구예요.
053 저 남자는 당신 사장님이죠, 그렇지 않나요?
054 네, 그래요.
055 저 사람들은 누구인가요?

056 그들은 제 직장 동료들이에요.
057 그 사람들은 당신 팀에 있죠, 그렇지 않나요?
058 아니오, 우리는 같은 팀에 있지 않아요.
059 그들은 영업부서에 있지 않나요?
060 저는 잘 몰라요.

Are you an office worker?

Yes, I'm an office worker.

Who is that over there?

He's an office worker, too.

Is that guy your boyfriend?

No, he isn't.

He and I are just friends.

That man is your boss, isn't he?

Yes, he is.

Who are those people?

They're my coworkers.

Those men are on your team, aren't they?

No, we aren't on the same team.

Aren't they in the sales department?

I really don't know.

DAY 5 직업

061 일하세요?

062 아니오, 대학생이에요.

063 역사학을 전공하고 있어요.

064 아니오, 아직 구직 중이에요.

065 네, 기술자예요.

---

066 무슨 일 하세요?

067 간호사예요.

068 직업이 뭐예요?

069 변호사로 일해요.

070 언니는 직업이 뭐예요?

---

071 그녀는 패션 디자이너예요.

072 어디서 근무하세요?

073 카시오 사에서 일해요.

074 텍코 사의 부팀장이에요.

075 하버드에서 강의를 해요.

Do you work?

No, I'm a college student.

I'm majoring in history.

No, I'm still searching for a job.

Yes, I'm a technician.

What do you do?

I'm a nurse.

What is your job?

I work as a lawyer.

What does your sister do for a living?

She's a fashion designer.

Where do you work?

I work for Casio.

I'm an assistant manager at Tekk-Co.

I teach at Harvard.

DAY 6 나이

076 몇 살이에요?

077 21살이에요.

078 제가 몇 살인지 맞혀보세요.

079 제가 보기에 당신은 23살쯤인 것 같아요.

080 올해 30살이 되었어요.

---

081 다음 주 화요일이면 45살이 될 거예요.

082 그는 아직 20살이 안 됐어요.

083 존은 아직 50살이 안 됐어요, 그렇죠?

084 스미스 씨는 여전히 50대예요.

085 저는 당신보다 두 살 위예요.

---

086 제 남동생은 저보다 두 살 어려요.

087 가족이 모두 몇 명이에요?

088 모두 4명이에요.

089 제 언니가 맏이예요.

090 제가 막내예요.

How old are you?

I'm 21 years old.

Guess how old I am.

I'd say you're about 23.

I turned 30 this year.

I'm going to be 45 next Tuesday.

He's not quite 20.

John is not yet 50, is he?

Mr. Smith is still in his fifties.

I'm 2 years older than you are.

My brother is 2 years younger than I am.

How many people are there in your family?

There are four of us all together.

My sister is the oldest.

I'm the youngest.

DAY 7 요일과 달

091 오늘은 무슨 요일이에요?

092 오늘은 월요일이에요.

093 어제는 일요일이었어요, 그렇지 않나요?

094 네, 그래요.

095 내일은 무슨 요일이에요?

---

096 내일은 화요일이에요.

097 이번 달은 몇 월이에요?

098 1월이에요.

099 지난달에 어디에 있었어요?

100 지난달에 입원해 있었어요.

---

101 7월에 여기에 있었죠, 그렇지 않았나요?

102 아니오, 그렇지 않았어요.

103 두 달 동안 떠나 있었어요.

104 마지막 건강검진이 언제였어요?

105 두 달 전이었어요.

What day is today?

Today is Monday.

Yesterday was Sunday, wasn't it?

Yes, it was.

What day is tomorrow?

Tomorrow is Tuesday.

What month is this?

It's January.

Where were you last month?

I was in the hospital last month.

You were here in July, weren't you?

No, I wasn't.

I was out of town for 2 months.

When was your last check-up?

It was 2 months ago.

DAY 8 날짜와 장소

106 오늘이 며칠이에요?

107 오늘은 11월 1일이에요.

108 언제 태어났어요?

109 1987년 11월 1일에 태어났어요.

110 오늘은 제 생일이에요.

---

111 그는 1990년에 태어났어요.

112 정확한 날짜는 모르겠어요.

113 어디에서 태어났어요?

114 뉴욕의 작은 동네에서 태어났어요.

115 고향은 어디예요?

---

116 매디슨이 제 고향이에요.

117 어디에서 자랐어요?

118 시카고에서 자랐어요.

119 어느 학교에 다녔어요?

120 매디슨 고등학교를 다녔어요.

What's the date today?

Today is November 1st.

When were you born?

I was born on November 1st, 1987.

Today is my birthday.

He was born in 1990.

I don't know the exact date.

Where were you born?

I was born in a little town in New York.

Where is your hometown?

Madison is my hometown.

Where did you grow up?

I grew up in Chicago.

Where did you go to school?

I went to Madison High School.

DAY 9 시간

121 몇 시예요?

122 2시예요.

123 2시 몇 분 지났어요.

124 몇 시인지 모르겠어요.

125 아직 4시는 안 된 것 같아요.

---

126 분명 3시 30분쯤일 거예요.

127 5시에 저를 만날 수 있으세요?

128 아니오, 그럴 수 없어요.

129 매일 6시 전에 일어나요.

130 제 여동생은 7시 45분은 되어야 일어나요.

---

131 내일 오전 10시에 여기 와 있을 건가요?

132 네, 그럴게요.

133 공연 10분 전이에요.

134 우리는 제시간에 도착할 거예요, 그렇지 않나요?

135 그러길 바라요.

What time is it?

It's 2 o'clock.

It's a few minutes after 2.

I don't know what time it is.

I don't think it's 4 o'clock yet.

It must be about 3:30.

Can you meet me at 5?

No, I can't.

I get up before 6 o'clock every day.

My sister doesn't get up until 7:45.

Will you be here at 10 a.m. tomorrow?

Yes, I will.

It's 10 minutes before the show.

We'll be on time, won't we?

I hope so.

DAY 10 소유 여부

136 자동차 있어요?

137 네, 있어요.

138 표 갖고 있죠, 그렇지 않나요?

139 아니오, 갖고 있지 않아요.

140 저도 표를 안 갖고 있어요.

---

141 존은 애완동물을 기르나요?

142 네, 길러요.

143 그는 개를 많이 기르죠, 그렇지 않나요?

144 아니오, 그는 한 마리도 기르지 않아요.

145 제 모자를 갖고 있지 않나요?

---

146 네, 당신 모자와 코트 모두 가지고 있어요.

147 그는 여자친구가 없나요?

148 아니오, 예쁜 여자친구가 있어요.

149 형제자매가 몇 명이에요?

150 남자 형제 둘과 여자 형제 하나가 있어요.

Do you have a car?

Yes, I do.

You have a ticket, don't you?

No, I don't.

I don't have a ticket, either.

Does John have a pet?

Yes, he does.

He has a lot of dogs, doesn't he?

No, he doesn't have any.

Don't you have my hat?

Yes, I have both your hat and coat.

Doesn't he have a girlfriend?

Yes, he has a pretty one.

How many brothers and sisters do you have?

I have 2 brothers and 1 sister.

DAY 11 언어 구사력

151 영어를 할 줄 아세요?
152 네, 조금이요.
153 당신의 친구는 중국어를 잘하나요?
154 아니오, 그는 중국어를 거의 못해요.
155 그는 중국어를 읽고 써요.

---

156 당신의 영어는 나쁘지 않아요.
157 당신의 모국어는 무엇인가요?
158 제 모국어는 스페인어예요.
159 몇 개 국어를 하세요?
160 3개 국어를 해요.

---

161 여동생의 영어는 어때요?
162 그녀는 영어를 유창하게 해요.
163 프랑스어를 얼마나 잘하세요?
164 발음하는 데 어려움이 많이 있어요.
165 한국어식 억양으로 프랑스어를 말해요.

Do you speak English?

Yes, a little.

Does your friend speak Chinese well?

No, he speaks very little Chinese.

He reads and writes Chinese.

Your English is not bad.

What's your native language?

My native language is Spanish.

How many languages do you speak?

I speak 3 languages.

How is your sister's English?

She speaks English fluently.

How well do you speak French?

I have a lot of trouble with pronunciation.

I speak French with a Korean accent.

DAY 12 명령·부탁·청유

166 앉아요.

167 문을 열지 말아요.

168 잘 들어보세요.

169 일어나지 마세요.

170 저를 위해 이것을 읽어주세요.

---

171 들어오지 마세요.

172 (우리) 이제 시작해요.

173 좋아요, 준비됐어요.

174 (우리) 함께 영어 공부해요.

175 좋은 생각이에요.

---

176 (우리) 오늘밤은 외출하지 말아요.

177 찬성이에요.

178 (우리) 너무 서두르지 말아요.

179 동의하지 않아요.

180 알겠어요.

MP3+동영상

Sit down.

Don't open the door.

Listen carefully, please.

Don't stand up, please.

Please read this for me.

Please don't come in.

Let's begin now.

OK, I'm ready.

Let's study English together.

That's a good idea.

Let's not go out tonight.

I agree.

Let's not hurry too much.

I disagree.

All right.

DAY 13 원하는 것 묻고 답하기

181 음료수 마실래요?

182 네, 주세요.

183 뭐 마실래요?

184 커피 한 잔 주세요.

185 선반 위에 있는 저 신발을 사고 싶어요.

---

186 흰색과 갈색 중에 어느 색을 원하세요?

187 흰 것으로 주세요.

188 커피 드실래요?

189 저는 차를 마시겠어요.

190 뭐 드시고 싶으세요?

---

191 파이 한 조각 주세요.

192 이것과 저것 중에 어느 것으로 하시겠어요?

193 저는 상관 없어요.

194 존스 씨와 얘기하고 싶어요.

195 죄송하지만 그분은 지금 바쁘세요.

Do you want a drink?

Yes, please.

What do you want?

I want a cup of coffee.

I want to buy those shoes on the shelf.

Which color do you want – white or brown?

The white one, please.

Would you like some coffee?

I'd rather have some tea.

What would you like to eat?

I'd like a piece of pie.

Which one would you like – this one or that one?

It doesn't matter to me.

I'd like to talk with Mr. Jones.

I'm sorry, but he's busy right now.

DAY 14 현재 진행 중인 일

196 뭐 하는 중이에요?

197 책을 읽는 중이에요.

198 지금 아무것도 하고 있지 않아요.

199 당신의 친구는 뭐 하는 중이에요?

200 그는 내일 시험에 대비해 공부하는 중이에요.

201 어디에 가는 중이에요?

202 집에 가는 중이에요.

203 무슨 생각을 하는 중이에요?

204 면접에 대해 생각하는 중이에요.

205 누구에게 이메일을 쓰는 중이에요?

206 하와이에 사는 제 친구에게 이메일을 쓰는 중이에요.

207 누구를 기다리는 중이에요?

208 아무도 기다리고 있지 않아요.

209 왜 혼자 앉아 있어요?

210 그냥 쉬고 있는 중이에요.

What are you doing?

I'm reading a book.

I'm not doing anything right now.

What's your friend doing?

He's studying for the test tomorrow.

Where are you going?

I'm going home.

What are you thinking about?

I'm thinking about the job interview.

Who are you emailing?

I'm emailing a friend of mine in Hawaii.

Who are you waiting for?

I'm not waiting for anybody.

Why are you sitting alone?

I'm just taking a rest.

DAY 15 평상시 일과

211 매일 몇 시에 일어나세요?

212 매일 6시에 일어나요.

213 보통 일찍 깨요.

214 제 형은 저보다 늦게 일어나요.

215 아침에 운동을 해요.

---

216 옷을 입은 후에 아침식사를 해요.

217 대체로 아침을 거하게 먹어요.

218 아침식사로 토스트와 커피를 먹어요.

219 매일 오전 8시에 집을 나서요.

220 매일 아침 9시에 출근해요.

---

221 12시 30분쯤에 점심식사 하러 가요.

222 오후 6시에 일을 마쳐요.

223 7시쯤에 저녁을 먹어요.

224 저녁식사 전에 잠시 온라인 뉴스를 읽어요.

225 보통 밤 12시쯤에 잠자리에 들어요.

What time do you get up every day?

I get up at 6 o'clock every day.

I usually wake up early.

My brother gets up later than I do.

I work out in the morning.

After I get dressed, I have breakfast.

Usually, I have a big breakfast.

I have toast and coffee for breakfast.

I leave the house at 8 a.m. each day.

I get to work at 9 o'clock every morning.

I go out for lunch at about 12:30.

I finish working at 6 p.m.

I eat dinner at about 7 o'clock.

Before dinner, I read online news for a while.

I usually go to bed at about midnight.

DAY 16 어제 일과

226 어제 아침 몇 시에 일어났어요?

227 일찍 깨서 6시에 일어났어요.

228 옷을 입고 아침식사를 했어요.

229 아침식사로 뭐 먹었어요?

230 아침식사로 시리얼을 좀 먹었어요.

---

231 어제 몇 시에 출근했어요?

232 8시에 집을 나서서 8시 30분에 출근했어요.

233 이른 아침부터 밤 늦게까지 일했어요.

234 정오에 제 친구 한 명과 점심식사를 했어요.

235 6시에 일을 마치고 집에 갔어요.

---

236 저녁식사 후 뭐 했어요?

237 저녁식사 후에 페이스북을 확인하고 책을 읽었어요.

238 그러고 나서 가족과 함께 TV를 봤어요.

239 밤 11시 30분에 잠자리에 들었어요.

240 곧바로 잠이 들었어요.

What time did you get up yesterday morning?

I woke up early, so I got up at 6 o'clock.

I got dressed and had breakfast.

What kind of breakfast did you have?

I had some cereal for breakfast.

What time did you get to work yesterday?

I left the house at 8 o'clock and got to work at 8:30.

I worked from early in the morning until late at night.

At noon, I had lunch with a friend of mine.

I finished working at 6 and went home.

What did you do after dinner?

After dinner, I checked Facebook and read a book.

Then, I watched TV with my family.

I went to bed at 11:30 p.m.

I fell asleep right away.

DAY 17 다른 사람의 말 전하기

241 어제 존을 만났어요?

242 아니오, 존은 못 만났지만 매튜는 만났어요.

243 무슨 이야기를 했어요?

244 우리는 많은 것들에 대해 이야기했어요.

245 그에게 많은 질문을 했어요.

---

246 그에게 무엇을 물어봤나요?

247 그에게 한국어를 말할 수 있는지 물어봤어요.

248 그는 한국어를 조금 말할 수 있다고 했어요.

249 그에게 한국에 대해 어떤 점을 좋아하냐고 물어봤어요.

250 그가 뭐라고 말했어요?

---

251 그는 음식이 제일 좋다고 말했어요.

252 그에게 왜 박물관을 그렇게 자주 방문하는지 물어봤어요.

253 그는 한국의 역사에 관심이 있다고 말했어요.

254 마지막으로 그에게 여자친구가 있는지 물어봤어요.

255 그는 그 질문에 답하고 싶지 않다고 했어요.

Did you see John yesterday?

No, I didn't, but I saw Matthew.

What did you talk about?

We talked about a lot of things.

I asked him a lot of questions.

What did you ask him?

I asked him if he spoke Korean.

He said he spoke a little Korean.

I asked him what he liked about Korea.

What did he say?

He said he liked the food best.

I asked him why he visited museums so often.

He said he was interested in Korean history.

Finally, I asked him if he had a girlfriend.

He said he would rather not answer the question.

DAY 18 과거의 습관적인 행동

256 몇 시에 일어나곤 했나요?

257 일찍 깨서 7시에 일어나곤 했어요.

258 보통 일찍 잠자리에 들어서 늦게 깬 적이 전혀 없었어요.

259 매일 같은 시각에 산책을 하곤 했어요.

260 정확히 7시 30분에 출근하러 나서곤 했어요.

---

261 언제 출근하곤 했나요?

262 보통 9시 전에 회사에 도착했어요.

263 회사에 늦은 적이 전혀 없었어요.

264 매일 거의 저녁 7시까지 일했어요.

265 여름 휴가는 어디로 가곤 했나요?

---

266 여름에는 항상 뉴욕에 있는 부모님 댁에 갔어요.

267 남동생과 저는 함께 놀곤 했어요.

268 우리는 일주일에 한 번 영화를 보러 가곤 했어요.

269 몸에 안 좋은 음식을 많이 먹곤 했어요.

270 거의 매일 점심으로 피자를 먹었어요.

What time did you use to get up?

I used to wake up early and get out of bed at 7 o'clock.

I usually went to bed early and never woke up late.

I used to take a walk at the same time every day.

I used to leave for work at exactly 7:30.

When did you use to get to work?

I usually arrived at work before 9.

I was never late for work.

I worked until nearly 7 p.m. each day.

Where did you use to go for summer vacation?

I always visited my parents in New York in the summer.

My brother and I used to hang out together.

We used to go to the movies once a week.

I used to eat a lot of junk food.

I ate pizza for lunch almost every day.

DAY 19 처음 만난 사람과 대화하기

271 어디 사세요?

272 리버사이드로(路)에 살아요.

273 주소가 어떻게 되나요?

274 리버사이드로(路)에 있는 하이랜드 아파트에 살아요.

275 이 근처에 사세요?

---

276 다른 지역 출신이에요.

277 여기서 얼마 동안 살았어요?

278 여기서 5년 동안 살았어요.

279 잭 옆집에 살아요.

280 고등학교 때부터 그와 알고 지내왔어요.

---

281 <다빈치 코드>라는 책 들어본 적 있어요?

282 이미 그 책을 읽었어요.

283 새로 생긴 중국 음식점에 가보셨어요?

284 아니오, 아직 안 가봤어요.

285 그럼요, 훌륭한 곳이었어요.

Where do you live?

I live on Riverside Street.

What's your address?

I live at Highland Apartments on Riverside Street.

Do you live near here?

I'm from out of town.

How long have you lived here?

I've lived here for 5 years.

I live next door to Jack.

I've known him since high school.

Have you heard of the book *The Da Vinci Code*?

I've already read that book.

Have you been to the new Chinese restaurant?

No, I haven't been yet.

Sure, it was a nice place.

DAY 20 과거에 진행 중이었던 일

286 제가 전화했을 때 TV를 보던 중이었어요?

287 아니오, 저녁을 먹고 있었어요.

288 점심시간에 뭐 하고 있었어요?

289 인터넷을 검색하고 있었어요.

290 어제 오후에 어디 있었어요?

---

291 오후 내내 집에 있었어요.

292 제가 당신을 봤을 때 어디에 가던 중이었어요?

293 근처 쇼핑몰에 가고 있었어요.

294 오늘 아침에 제가 뭘 하고 있었는지 알아맞힐 수 있겠어요?

295 제게 이메일을 쓰고 있었을 거예요.

---

296 당신이 이메일을 쓰는 동안 저는 책을 읽고 있었어요.

297 어제 오후에 우리가 무슨 이야기를 하고 있었는지 기억을 못 하겠어요.

298 우리는 주말 계획에 대해 의논하고 있었어요.

299 부모님이 언제 전화하셨나요?

300 그들은 우리가 저녁식사를 하고 있을 때 전화했어요.

Were you watching TV when I called you?

No, I was eating dinner.

What were you doing during the lunch break?

I was surfing the Internet.

Where were you yesterday afternoon?

I was at home all afternoon.

Where were you going when I saw you?

I was going to the mall nearby.

Can you guess what I was doing this morning?

I guess you were emailing me.

While you were writing an email, I was reading a book.

I can't remember what we were talking about yesterday afternoon.

We were discussing our weekend plans.

When did your parents call you?

They called us as we were having dinner.

**Ready For
The Next Book**